日本全国 一の宮 巡拝パーフェクトガイド

改訂版

招福探求巡拝の会 著

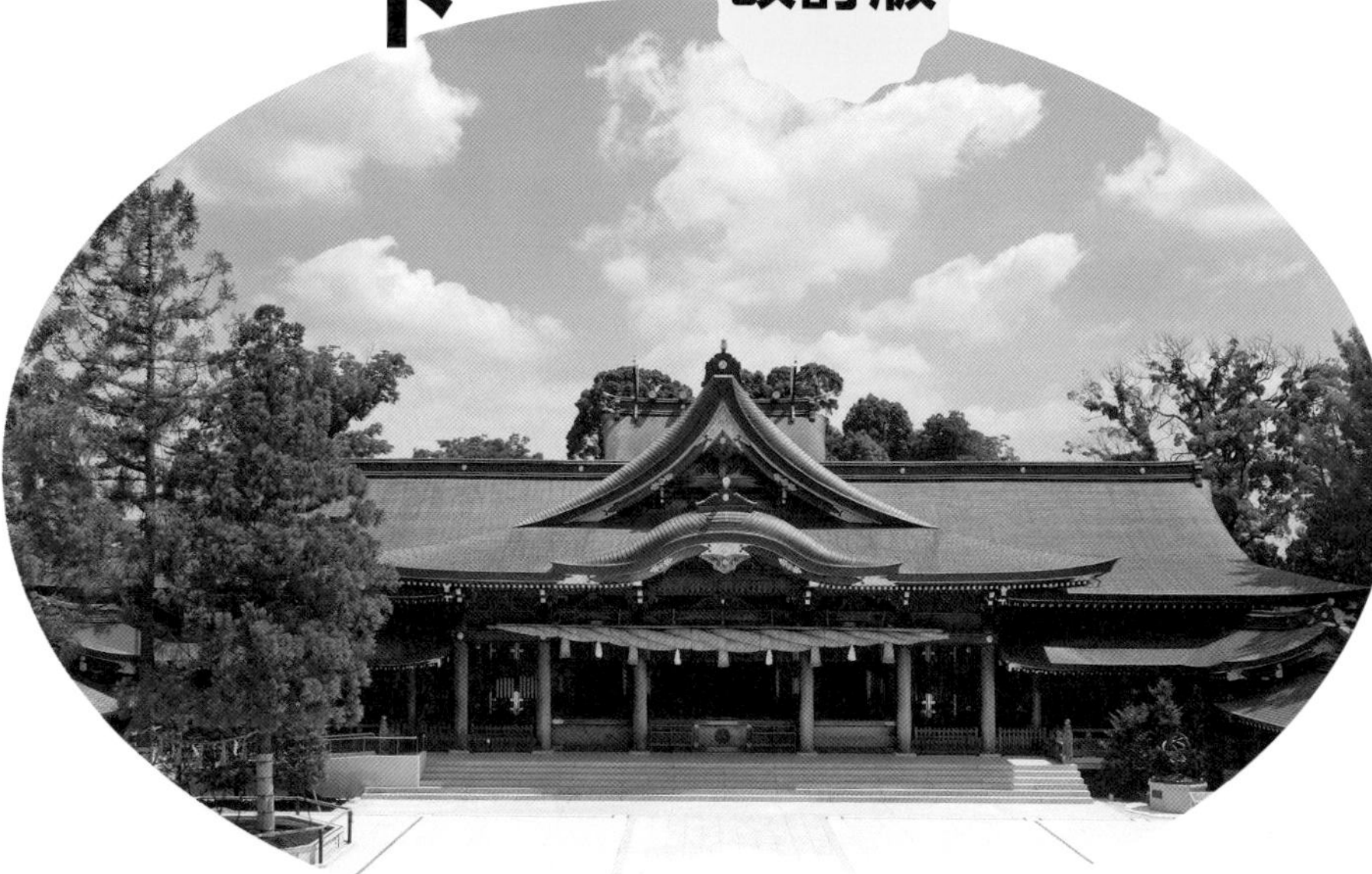

Mates-Publishing

北海道・東北地方の一宮

関東地方の一宮

東海・中部地方の一宮

北陸地方の一宮

近畿地方の一宮

中国地方の一宮

淡路・四国地方の一宮

九州地方の一宮

※本書は2020年発行の『日本全国 一の宮 巡拝パーフェクトガイド』を元に内容の確認及び更新、装丁を変更し、「改訂版」として新たに発行したものです。

【はじめに】

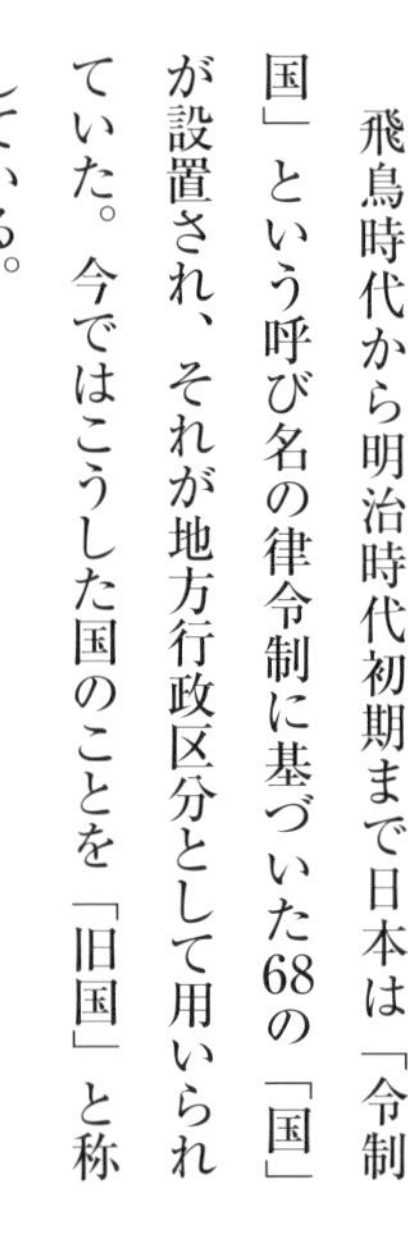

飛鳥時代から明治時代初期まで日本は「令制国」という呼び名の律令制に基づいた68の「国」が設置され、それが地方行政区分として用いられていた。今ではこうした国のことを「旧国」と称している。

令制国の行政機関を国衙あるいは国庁といい、それらが存在する都市域を国府といった。国衙には律令の規定に基づいて、守・介・掾・目の国司四等官と書記官が勤務した。10世紀に入ると朝廷は統治権限を大幅に国司へ移譲した。今でいう地方分権のはしりであり、一国の国司、特に守は国を統治する上で大きな権力を有していた。

国司は基本的には中央から派遣された役人であるから、その仕事は徴税や軍事などが主であったが、重要な仕事のひとつに「神拝」といって国内の全ての神社に月のはじめに巡拝する任務があった。しかし、広い国内に分散する神社を全て参拝するのは大変であるので、国内の各神社の祭

神を合祀した神社、すなわち総社を国府の近くに造った。また、総社とは別に、国司が神拝するその国を代表する神社として一宮（一の宮、一之宮ともいう）の制度を定めた。簡単にいえば、一宮とは、それぞれの国におけるナンバーワン神社を意味するのである。

一宮に祀られている祭神達は実にバラエティに富んでいる。大国主神や須佐之男命、日本武尊など日本神話に登場する有名な神様もいれば、神社の宮司家の祖先や朝鮮の皇子も祀られる。こうした統一性のなさは、一宮を決めた主体が朝廷ではなく、地方組織の国であったことが要因で、それぞれのお国柄が伺えると指摘する学者もいる。

しかし、一宮のほとんどは、『延喜式神名帳』に記帳されている古い歴史をもつ神社である。『延喜式』とは、延喜5年（905）に醍醐天皇の命により藤原時平が編集に着手して延長3年（925）に完成した法令集で、式とは律令を適用する際の施行細則をいい、朝廷が定めた儀式や

作法、事務手続きなどの規定を網羅したものである。従って『延喜式』に名を連ねる一宮は、長い歴史に培われ、地元の民衆の篤い崇敬の対象となった社格の高い神社といえるのである。また、ひとつの旧国に2つ以上の一宮が存在する場合があるが、この理由は平安時代の終焉とともに貴族の時代が終わり、中央集権体制が崩壊すると、貴族に替わり政権を握った武家というパトロンを得た神社が新たに一宮として出現したことによる。

本書では全国の一宮と一宮の宮司による全国一の宮会が近年制定した新一宮を紹介している。内容は、各一宮のいわれや歴史、ご祭神、そしてご神徳を中心に解説をしている。一宮参拝の手引として、一人でも多くの人に一宮への参拝をしていただきたいとの願いから、解説はできる限り難解な言葉を避けて執筆を行った。

神社にはご祭神のもつご神徳という力がある。ご神徳とは一般にはご利益とも呼ばれる。人が神社にお参りして、真摯な気持ちで神様にお願いをして、はじめてその力にあやかれると筆者は考

えている。

本書初版を出版する数年前に某鉄道会社の企画特集として、奈良春日大社の記事を執筆した際にご神職の方に、「素直な気持ちで、思いのたけを神様に申し上げること。自分が謙虚になれば、必ず神様のご意思を感じることができる」とのお話を伺った。

また、数10年来漢方を処方していただいている薬学博士で三輪明神（大神神社）東京分祀代表を務めていらっしゃる根本幸夫先生からも、真摯に神様を信じることにより起こった数多くの奇跡的な出来事のお話しを伺い、さらに信じることのすばらしさへのご教授をたまわった。

こうしたことこそ、神社を参拝するうえで、一番大切なことではないかと考え、以来、胸に深く刻み込んで参拝を行っている。

ともあれ、日本には八百万の神がおられる。そして、日本各地には古い歴史をもった一宮がある。多くの一宮に詣でて、たくさんのご神縁を結んでいただきたい。

本　書　の　使　い　方

① 旧国名
奈良時代から明治時代までの日本において適用された「令制国」という呼び名の律令制に基づいた68の旧国名を一宮とともに表記してあります。ひとつの旧国に複数の一宮が存在することもあります。

② 一宮解説
一宮のいわれや歴史、そして祭神とそのご神徳を中心に解説を行っています。一宮は創建年代が紀元前までに遡る神社も多いため、そのはじまりなどは社伝や由緒に基づいて執筆しています。

③ 地図表記について
各ページにひとつ一宮周辺の地図を掲載しています。できる限り最寄りの交通機関を地図上に載せていますが、遠隔地にある一宮も多いため、交通機関は全ての地図に適用していません。

相模国一宮
寒川神社（さむかわじんじゃ）
八方除・方位除の御神徳で知られる

▲相模国一宮らしい堂々とした拝殿。

▶境内の一画には屋台が並ぶこともある。

▶センスあふれるお洒落な御朱印がいただける。

相模国唯一の名神大社とされる

創建年代は不明だが、「総国風土記」によると約1600年前の雄略天皇の御代に幣帛が奉納されたとあり、さらに神亀4年（727）に社殿が建立されたのがわかっている。

そして、桓武天皇の延暦7年（788）5月をはじめとして奉幣、勅祭を行なわせている為、近くに流れる相模川付近にあったと考えられている相模国府の存在から当時朝廷が推し進めていた東国経営とも関係が深いと推測されている。

「延喜式神名帳」によると、相模十三社のうち、唯一の名神大社と定められ、いかに朝廷の崇敬が篤かったかがうかがえる。

鎌倉時代から武将達に信仰される

鎌倉時代の「吾妻鏡」に一宮佐河大明神の名があり、源頼朝、北条義時以来、関東武士の信仰が篤かった。武田信玄も戦陣の途中に立ち寄り、その時、信玄は自分が纏っていた兜と太刀を安全祈願で奉納されたと言われており、兜は現在、寒川神社の方徳資料館に展示されている。また、徳川家からも篤く信仰されていたという。

全国唯一八方除のご神徳が有名

ご祭神は、寒川比古命、寒川比女命の二柱を祀り、総じて寒川大明神と称えられている。

寒川大明神は、相模国を中心に関東地方を開拓さ

32

れ、衣食住など人間生活の根源を開発指導された関東地方文化の生みの親神様として大いに敬仰されてきた。

古くより関八州の守り神として、また江戸の正裏鬼門をお守りする社として全国各地より崇敬されている。とりわけ全国唯一の八方除・方位除の守護神として、地相・家相・方位・日柄などに起因するあらゆる悪事災難を取り除き、福徳開運をもたらす神として信仰されている。

難波の小池を中心とした神嶽山神苑

当社の起源に深く関わりがあるという「難波の小池」を中心とした神苑で、本殿の奥にある。池泉回遊式の日本庭園が広がり、茶屋や資料館もある。

▲参道の先、神門を潜ると正面に拝殿が建つ。

▲木々に覆われた緑溢れる参道が伸びる。

▲ご神祷申込所。

▶八方除、方位除のご神徳を求めて多くの参拝者が訪れる。

お祭り

＜國府祭＞
5月5日。寒川神社をはじめ、相模国二宮の川匂神社、三宮比々多神社、四宮前鳥神社、平塚八幡宮の五社が神輿で神揃山に参集する。

＜浜降祭＞
7月の海の日に行われる。茅ヶ崎海岸南湖の浜に寒川神社の神輿を筆頭として、寒川、茅ヶ崎地区の神輿約40基が海に入り、乱舞する勇壮な祭り。

DATA

住所	神奈川県高座郡寒川町宮山3916
電話	0467-75-0004
時間	境内自由（神嶽山神苑は、ご祈祷を受けた人のみ入苑可能。3月上旬～12月初旬の開苑。月曜日休苑、但し、祝祭日開苑。9:00～16:00）
拝観料	無料
定休日	無休
交通	JR相模線宮山駅から徒歩約5分

マップ

33

④ データ
住所、電話番号、拝観料、拝観時間、定休日、交通アクセスを紹介しています。データは2023年3月現在のもので、データは変更になる場合がありますので、お出かけ前にご確認ください。

⑤ お祭り
通常、神社には年間を通じて数多くのお祭りがあります。本書ではそれらのお祭りのごく一部のみを抜粋して紹介しています。お祭りは、開催日などが変わる場合がありますので、お出かけ前にご確認下さい。

＜ご注意＞
一宮（一の宮、一之宮）を称する神社は、時代の変遷により変化してきました。本書では、全国の一宮と一宮の宮司における全国一の宮会が近年制定した一宮を掲載しています。

全国一宮巡拝ガイド

＜第一章＞

北海道・東北編

北天の雄達が勇躍した
北の大地に鎮座する
一宮を巡拝する

蝦夷国一宮
北海道神宮

津軽国一宮
岩木山神社

陸中国一宮
駒形神社

出羽国一宮
鳥海山大物忌神社

陸奥国一宮
志波彦神社・鹽竈神社

陸奥国一宮
都々古別神社（都都古和氣馬場社）

奥州一宮
都々古別神社

陸奥国一宮
石都々古和気神社

岩代国一宮
伊佐須美神社

蝦夷国一宮

北海道神宮
【ほっかいどうじんぐう】

北海道の総鎮守として崇敬を集める

▶北海道開拓の守護神・開拓三神を祀る北海道の総鎮守。

▲社殿には北海道開拓発展の守護神・開拓三神と明治天皇を祀る。

▲一世紀以上の歴史をもつ例祭・札幌まつりは大勢の人で賑わう。

北海道開拓の三神と明治天皇を祀る

明治天皇の詔により、北海道開拓・発展の守護神として開拓三神(大国魂神・大那牟遅神・少彦名神の三柱)を鎮斎したのがはじまり。明治2年(1869)、開拓長官に任命された東久世通禧がその年の9月末に開拓使官員や農工民などとともに大国魂神・大那牟遅神・少彦名神の開拓三神の御霊代を奉じて函館に上陸した。さらに開拓判官・島義勇が御霊代を背負って想像を絶する悪路を踏破、札幌に入り現在地を開拓三神の鎮座地と定めた。

昭和38年(1963)に近代日本の礎を築かれた明治天皇を増祀、「北海道神宮」と改称された。

◐お祭り

<札幌まつり>

6月14日～6月16日にかけて行われる例祭で一世紀以上の歴史をもつ。16日には9基の山車と4基の神輿を中心に、維新勤王隊など約1000人の行列が時代絵巻を繰り広げる。例年、北海道神宮の他、中島公園などにも多くの露店が並ぶ札幌の初夏の恒例行事。

◎ DATA

住所	北海道札幌市中央区宮ヶ丘474
電話	011-611-0261
時間	6:00～17:00(季節により変更あり)
拝観料	無料
定休日	無休
交通	市営地下鉄円山公園駅から徒歩約15分

◉マップ

地下鉄東西線
米領事館
円山公園
マルヤマクラス
北海道神宮
愛育病院
円山公園

津軽国一宮

岩木山神社

【いわきやまじんじゃ】

津軽の農海産物の守護神が鎮座する

▶上下逆さまを向く珍しい一対の狛犬は楼門前におかれている。

▲例祭のお山参詣でには多くの人が参加する。お山参詣で当日の社頭の賑わい。

▲華麗な総朱塗りの楼門から同じく総朱塗りの中門、拝殿を望む。

古代からの霊山 岩木山に奥宮を置く

奈良時代の末期、宝亀11年(780)に古代から霊山として崇敬を集めていた岩木山山頂(標高1625m)に社殿が造営されたのがはじまりという。延暦19年(800)には坂上田村麻呂が社殿を再建し、別に山麓十腰内に下居宮を構築し、山頂を奥宮とした。天正17年(1589)の岩木山の噴火で焼失、慶長8年(1602)から代々の津軽藩主により再興が行われた。総朱塗の華麗な楼門や拝殿と合わせて本殿、奥門、中門などが重要文化財に指定されている。

祭神は顕国魂神、多都比姫神、大山祇神、坂上刈田麿、宇賀能賣神を祀る。参道は奥宮への登山道である。

◐お祭り

<山開祭・お山参詣>

奥宮は俗にお室と呼ばれ毎年旧暦の7月25日に山開祭、旧暦8月15日に山納会がある。さらに旧暦の7月29日から8月1日の3日間は奥宮で岩木山神社最大の神事「お山参詣」が行われる。五穀豊穣・家内安全を祈願して、霊山「岩木山」に集団登拝する行事で、江戸時代中期から続き、「ヤマカゲ」などと呼ばれる。

◎ DATA

住所	青森県弘前市百沢字寺沢27
電話	0172-83-2135
時間	6:00 ～ 17:00（季節により変更あり）
拝観料	無料
定休日	無休
交通	JR弘前駅からバス約40分「岩木山神社」下車、徒歩約30分

◉マップ

陸中国一宮

駒形神社

【こまがたじんじゃ】

駒形岳に鎮座するおこま様を祀る

▶馬と蚕の神様として信仰される。

▶子供が無事に通学できることを祈るランドセル祈願祭。

▶陸中国一宮駒形神社の御朱印。

馬と蚕の守護神・駒形大神を祀る

雄略天皇21年(477)に京都の籠神社から宇賀御魂大神を勧請し、霊山駒ケ岳山頂に祀ったのがはじまりとされる。平安時代には鎮守府将軍坂上田村麻呂や奥州藤原四代、さらに戦国末期から江戸時代には、南部・伊達両藩主からも崇敬が厚く、それぞれに里宮を設けて信仰した。明治に入ると、塩竃神社が鎮座していた現在地に遷座した。

祭神は駒形大神で、駒ケ岳山頂は奥宮とされる。駒形大神は馬と蚕の守護神とされ、東日本各地に勧請され「おこま様」と呼ばれている。8月1日～2日には駒ケ岳の奥宮登拝祭が行われる。

◐お祭り

<例祭>

毎年9月19日に斎行される。陸奥の国の繁栄とそこに暮らす人々の幸福・五穀豊穣・国土安寧・産業開発・交通安全を祈念する重要な行事。9月18日に宵宮祭が行われ、19日当日には、本殿にお供えをする献饌や祝詞奏上等が行われる。この日と5月3日の奉還記念大祭の時だけ本殿の扉が開かれる重要な祭り。

◎ DATA

住所	岩手県奥州市水沢上野町1-83
電話	0197-23-2851
時間	5:30 ～ 18:00（季節により変更あり）
拝観料	無料
定休日	無休
交通	JR水沢駅から徒歩約10分

◉マップ

出羽国一宮

日本百名山のひとつ鳥海山に鎮座
鳥海山大物忌神社
【ちょうかいざんおおものいみじんじゃ】

▲鳥海山の麓におかれたもうひとつの里宮・蕨岡口之宮。

▲鳥海山の麓におかれた里宮のひとつ吹浦口之宮。

▲日本百名山のひとつで霊山の鳥海山山頂に御本社が鎮座する。

五穀豊饒・海上安全 厄除け開運にご利益

約1450年昔の欽明天皇25年に創建。日本百名山のひとつ鳥海山山頂に鎮座する。貞観4年(862)には官社に列し、延喜の制では名神大社に班し、出羽国の一の宮として朝野の尊信を集めた。特に歴代天皇や源義家、北畠顕信（きたばたけあきのぶ）などの武将や代々の庄内藩主に深く崇敬された。

鳥海山山頂の御本社と麓にある吹浦と蕨岡の二か所の里宮を総称して鳥海山大物忌神社という。祭神は大物忌大神で、伊勢神宮の豊受大神（とようけのおおみかみ）と同神とされ、本殿は伊勢と同じく20年ごとに建て替える式年造営の制となっている。五穀豊饒・海上安全・厄除け開運にご利益があるとされる。

◐お祭り

<例大祭>

毎年5月3日（蕨岡口之宮）、4～5日（吹浦口之宮）に行われ、山形県の重要無形文化財に指定される「花笠舞」などが奉納される。5月3日（蕨岡口之宮）の大御幣祭では、延年の舞が行われる。「童哉礼」「童法」「壇内入」「振鉾」「陵王」「倶舎」「大平楽」などの舞楽はかつての修験道の修行の一環として行われた。（県指定重要無形民俗文化財）

◎ DATA

住　所	山形県飽海郡遊佐町 吹浦字布倉1
電　話	0234 -77-2301（吹浦）
時　間	境内自由
拝観料	無料
定休日	無休
交　通	JR吹浦駅から徒歩約10分

◉マップ

志波彦神社・鹽竈神社

【しわひこじんじゃ・しおがまじんじゃ】

全国に製塩を伝えた塩の神様

▶社殿には主祭神の鹽土老翁神、左宮には武甕槌神、右宮に経津主神を祀る。

▶毎年7月4日から6日まで鹽土老翁神ゆかりの藻塩焼神事が行われる。

▲志波彦神社と鹽竈神社の名が列記された御朱印。

祭神の鹽土老翁神は全国に製塩を伝えた神

かつて、東北の要所であった多賀城や国府の置かれた場所に近い、松島湾を見下ろす高台に鎮座する陸奥国一之宮。創建は不詳ながらこの地で製塩がはじまり神竈を祀って全国に広めたものと考えられる。

8万5000坪もの広大な境内には、天然記念物の鹽竈ザクラや多羅葉などの珍しい植物がある。社殿は宝永元年（1704）の伊達家五代藩主伊達吉村公のときに竣工。主祭神は鹽土老翁神で別名事勝国勝長狭、山幸彦が海辺で出会い、全国に製塩を伝えた神である。左宮には武甕槌神、右宮に経津主神と、陸奥を平定した2神を祀る。

◐お祭り

<帆手祭>

3月10日に行われる氏子三祭のひとつ。江戸時代より続く火伏の祭りで、荒れ神輿は全国的にも有名。氏子三祭とは、帆手祭・花祭・みなと祭の、神輿が渡御（市内巡行）する3つの祭典をいう。今でも神輿は神社の鳥居迄は神社の管理下、鳥居を一歩外に出れば一切は氏子の責任という決め事が厳然と守られている。

◎DATA

住所	宮城県塩釜市一森山1-1
電話	022-367-1611
時間	5：00～18：00 （博物館は8：30～17：00） ※時間は季節により変動あり
拝観料	無料（博物館は200円）
定休日	無休
交通	JR塩釜駅・本塩釜駅から徒歩約15分

◉マップ

陸奥国一宮

坂上田村麻呂が創祀した古社

都々古別神社

【つつこわけじんじゃ】

（都都古和氣馬場社）

▲古木の森中、品位ある随身門。

▲田村麻呂後の中世様式で国重文。

▶足利将軍や佐竹氏による再建。徳川中期の現拝殿は荘厳。

源氏・足利・徳川など武家の崇敬を受ける

平安時代初期、征夷大将軍・坂上田村麻呂が蝦夷遠征で布陣したであろう白川の郷東部の鎮守社。草創は、縄文時代からの古代祭祀場であった建鉾山に、日本武尊が味耜高彦根命を祀り、大同2年（807）、田村麻呂が要衝の町中央部に奉遷し、日本武尊を相殿に祀ったとされる。

さらに、応永年間（1394～1428）に、足利義満が社殿を改修造営。また、文禄年間（1592～94）には、豊臣秀吉の命により佐竹義宣が再建。寛永元年（1624）、幕命により丹羽長重が棚倉城築城の際、現在地へ解体移築・遷宮された。

◐お祭り

<例祭>

かつては八朔の日に行われていたが、現在は9月12日以前直近の日曜に行われる。ちなみに社宝として、鎌倉時代源義家や頼朝が寄進したとされる長覆輪太刀二口（国重文）や、赤糸威鎧の残闕（国重文）など博物館出陳の貴重な文化財が残されている。

◎ DATA

住　所	福島県東白川郡棚倉町棚倉字馬場39
電　話	0247-33-7219
時　間	9:00 ～ 16:00頃（朱印など事前連絡が無難）
拝観料	無料
定休日	無休
交　通	JR磐城棚倉駅から徒歩約15分

◉マップ

奥州一宮

都々古別神社

【つつこわけじんじゃ】

農業の神として古くから崇敬を集める

▶近津中の宮と呼ばれ馬場の神社と区別された。

▶大国主神の御子神・都々古和気神を祀る。

▶森閑とした深い森の中に鎮座する。

歴代の領主達の崇敬を受けてきた古社

創建は、日本武尊が八溝山の東夷の大将を討った際、守護として現れた3神が建鉾山より箭を放ち、その箭の着いた所を箭津幾としたのが始まりだと伝えられている。

延長5年（927）『延喜式神名帳』に陸奥國白河郡「都都和気神社　名神大」と記載がある古社で中世以降は奥州一宮として多くの崇敬を集め現在に至っている。

祭神は味耜高彦根命（あぢすきたかひこねのみこと）・日本武尊命で、味耜高彦根命は農耕神として日本武尊命は戦神として祀られている。

鎮守の森に包まれた本殿、拝殿は荘厳で歴史を感じさせる。

◐お祭り

＜御田植祭＞

旧正月6日に、拝殿で行われる国指定重要無形民俗文化財。神楽にあわせて稲作の所作を演じる豊作祈願の神事で、400年間行われている。

＜霜月大祭＞

12月中旬の土日に行われる神事で、五穀豊穣を祈願して神楽などを奉納する。

◎ DATA

住　所	福島県東白川郡 八槻大宮224
電　話	0274-33-3505
時　間	境内自由
拝観料	無料
定休日	無休
交　通	JR近津駅から徒歩約15分

◉マップ

陸奥国一宮

古よりの聖域八幡山に鎮座する
石都々古和気神社
【いわつつこわけじんじゃ】

▶通称「飛翔狛犬」。石川町出身の石工、小林和平の作。（昭和5年）

陸奥國一宮
石都々古和氣神社
令和　年　月　日

▶石都々古和気神社の御朱印。

▶古代からの聖域八幡山の山頂に社殿が建つ。

参道に磐坐と思われる巨石が残る

福島県石川町の中央に位置する、通称八幡山の山頂に鎮座する。境内は陸奥国石川氏の居城三芦城（石川城）の跡地として、県および町の史跡に指定されている。創建は不詳であるが、味鋤高彦根神（迦毛大御神）を祠に祀ったのがはじまりと伝承されており、記録としては延喜5年（905）にまとめられた『延喜式神名帳』に白河郡七座のひとつに数えられている。

主祭神は、大国主命の子である味鋤高彦根命。また、自暦2年（1066）に陸奥国石川氏初代・石川有光が、源氏の氏神である八幡大神の御分霊を、石清水八幡宮より合祀した。

◐お祭り

＜例祭＞
9月第二土曜日。例祭では、神社御神輿が八幡山山頂の神社から御仮屋にお下がりになり、各町内の旗場を渡御する。例祭期間の当番町の氏子達は、紋付羽織袴、若手は袢に脇差が正装とされている。

◎ DATA

住　所	福島県石川郡石川町下泉296
電　話	0247-26-7534
時　間	境内自由
拝観料	無料
定休日	無休
交　通	JR磐城石川駅から徒歩約15分

◉マップ

愛宕山
乗蓮寺
石都々古和気神社
八句毛神社
水郡線
40
東北労働金庫
西牧動物病院
JA
JR磐城石川
田中内科医院
薬王寺
喜多商店

岩代国一宮

日本三田植のひとつが行われる
伊佐須美神社【いさすみじんじゃ】

▶会津地方の総鎮守社で国家鎮護の神。

▶名神大社として朝廷、会津松平家から崇敬を受ける。

▶御田植祭。

歴代の領主に崇敬された国家鎮護の神

会津盆地の南部に鎮座する会津の総鎮守社で名神大社。御神楽岳に大毘古命(おおひこのみこと)と建沼河別命(たけぬなかわわけのみこと)の父子が始祖を祀ったのを創祀とし、その後、欽明天皇21年(560)現在地に社殿を造営して鎮座された。永正年間(1504〜21)、領主の芦名氏が社殿を造営、江戸時代に入り松平氏までの歴代会津領主に篤く崇敬をうけた。寛政11年(1799)には、光格天皇より「大神宮」の号を賜った。

朱の大鳥居の正面には、約一万坪のあやめ苑が広がり、一二百品種を超えるあやめの花が初夏を彩る。主祭神は伊佐須美大神(いさすみのおおかみ)で、相殿に塩釜大神、八幡大神を祀る。

◐お祭り

<御田植祭>
伊勢神宮の朝田植、熱田神宮の夕田植とともに、日本三田植のひとつとされる。神子人形(でこさま)を先頭に神輿渡御の行列が伊佐須美神社を出発し、御田神社御神田で田植えの神事が行われ、獅子追神事や早乙女踊りの奉納などで賑わう。

◎ DATA

住所	福島県大沼郡会津美里町宮林甲4377
電話	0242-54-5050
時間	境内自由
拝観料	無料(宝物殿は大人300円、18歳以下150円)
定休日	無休
交通	JR会津高田駅からタクシー約5分

◉マップ

全国一宮巡拝ガイド

<第二章>

関東編

独立独歩の気鋭に満ちた
関東の神々を祀る
一宮を巡拝する

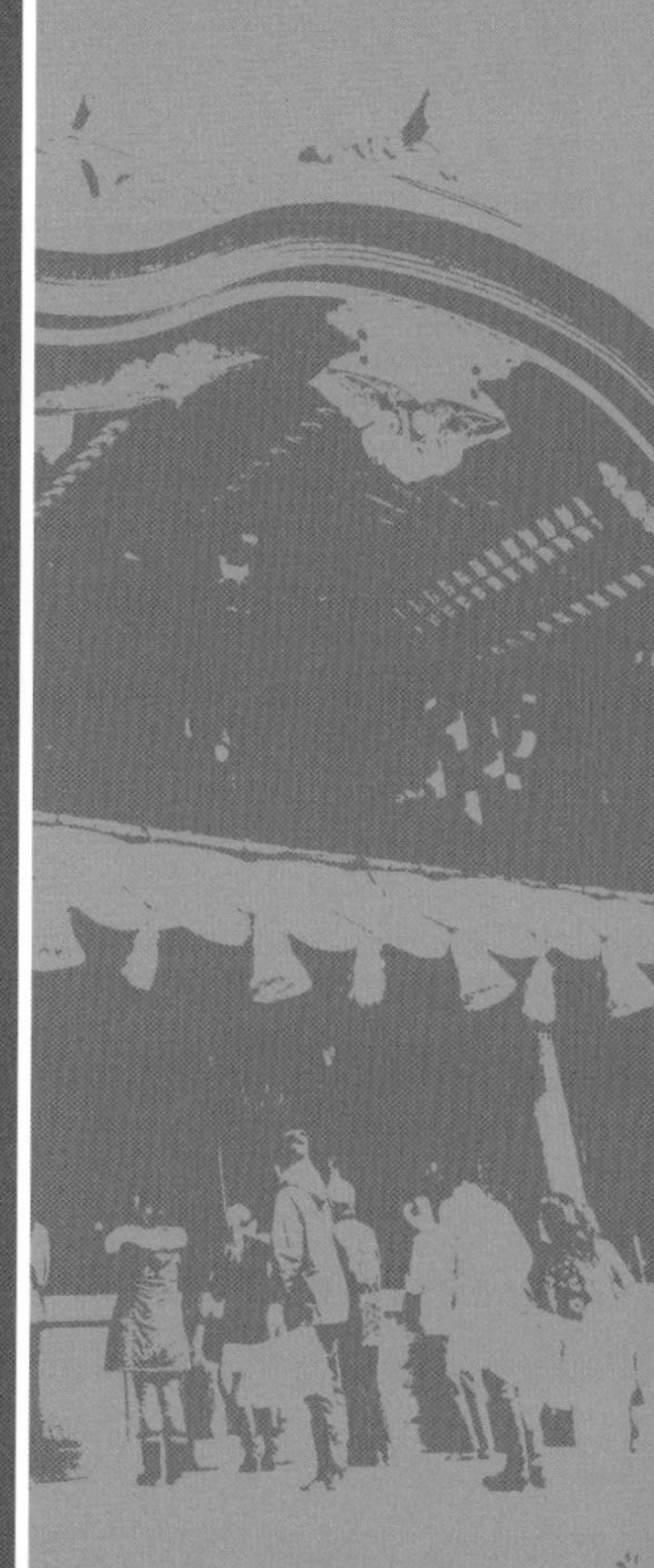

常陸国一宮

鹿島神宮

【かしまじんぐう】

全国約600社の鹿島神社の総本社

▶本殿や拝殿は徳川秀忠により再興された。

▶神の使いという鹿がいる鹿園。

▶大鯰を封じ込めたという要石。

紀元前660年の創祀という古社

創祀は神代の神武天皇元年（前660）と伝わる。東征で思わぬ窮地に陥られた神武天皇が、武甕槌大神（たけみかづちのおおかみ）の「韴霊剣（ふつのみたまのつるぎ）」によって救われたことへ感謝して勅祭したという。『常陸国風土記』によると天地が開ける以前（天地草昧已前（てんちそうまい））に高天原から天降った「香島の天の大神」の神話によると、崇神天皇、日本武尊（やまとたける）、天智天皇の時代に祭祀や造営が行われたことを伝えている。

『延喜式神名帳（えんぎしきじんみょうちょう）』によると平安時代に「神宮」の称号で呼ばれていたのは、伊勢神宮・鹿島神宮・香取神宮の3社だけで、このことからも鹿島神宮の古い歴史が偲ばれる。現在見られる本殿や拝殿などの社殿は元和5年（1619）、江戸幕府2代将軍徳川秀忠によって奉納寄進されたものである。

地震を起こす大鯰を抑える要石

楼門をくぐり、奥参道の老杉の並木を行くと奥宮に行きつく。徳川家康が慶長10年（1605）に本宮として建てたもので重要文化財に指定されている。奥宮の先に「要石（かなめいし）」があり、かつて地震は地中に棲む大鯰が起こすものと考えられていた。その大鯰を押さえつける石こそがこの「要石」で、鎮護する地震の守り神として現在にも伝わっている。この石は掘れば掘るほど末太く、広く果てしないともいわれている。

▲森閑とした境内に朱色の楼門と本宮が建つ。

▲神々しい雰囲気の巨木に覆われる奥参道。

▲誰が入っても同じ深さと伝えられる御手洗池。

▲1000人余りが練り歩く春最大のお祭り祭頭祭。

大和朝廷の東国支配の軍事拠点

祭神は武甕槌大神（たけみかづちのおおかみ）で、『神宮略記』によると武甕槌神は出雲国の出雲族を従えて諏訪の一族を平定し、関東の鹿島に進出して東北の蝦夷（えぞ）を鎮撫したという。鹿島神宮の鎮座する鹿島台地は東に鹿島灘、西に北浦・霞が浦があり水運の要の地として縄文の昔から重要な場所であった。まさに東国の要の地といえ、鹿島神宮は大和朝廷の蝦夷に対する最前線基地でもあった。

鹿島の神には、生命の出立、出発のご神徳があるとされる。これを「鹿島立ち」という。また、武甕槌大神が東北の蝦夷を鎮撫したことから、軍神として崇められている。

◐お祭り

<式年大祭御船祭>

12年に1度の午年に行われ、鹿島神宮の祭神である武甕槌大神と香取神宮の祭神である経津主大神が水上で出会う鹿島神宮最大の祭典。

<祭頭祭>

3月9日に行われる春最大の大祭で、神事の後、甲冑に身を固めた大総督に率いられた行列総勢1000人余りが「鹿島神宮祭頭歌」を歌いながら続く。

◎ DATA

住　所	茨城県鹿嶋市宮中2306-1
電　話	0299-82-1209
時　間	境内自由
拝観料	無料
定休日	無休
交　通	JR鹿島神宮駅から徒歩約10分

◉マップ

下総国一宮

香取神宮【かとりじんぐう】

国家鎮護の神として崇敬を集める古社

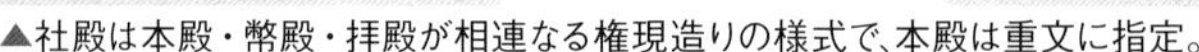
▲社殿は本殿・幣殿・拝殿が相連なる権現造りの様式で、本殿は重文に指定。

▶神輿をお乗せして水上を進む式年神幸祭御座船。

▲紅葉に彩られる赤鳥居（二の鳥居）を潜ると境内に入る。

全国で崇敬を集める香取大神

鹿島神宮と同様に創建は神代で、宮柱は神武天皇18年（前643）と伝えられる。古くから国家鎮護の神として皇室からの崇敬が篤く、明治以前から伊勢、鹿島とともに「神宮」の称号を以て奉祀されていた。

奈良時代に入り中央で勢力を得た藤原氏が鹿島と香取の神々を奉じて平城京の守護として春日大社を創祀した。香取大神を祭神とする神社は奈良県の春日大社をはじめ宮城県の鹽竈神社など全国各地に及んでおり、広く崇敬を集めている。

古代から尊重されてきた要石

香取神宮は香取市の北を流れている利根川の水郷地帯を一望できる丘陵「亀甲山」に鎮座する。境内は12万2100㎡と広大で、社域には老杉が鬱蒼（うっそう）と茂り、荘厳で神秘的な神さびた雰囲気に包まれている。

朱塗りの大鳥居（二の鳥居）をくぐり境内に入り、総門の左側の細い道を行くと末社押手稲荷社があり、その奥に「要石（かなめいし）」がある。古伝によると「往古、尚この地方ただよえる国にして、地震多きが故に国家鎮護のため、香取鹿島の大神この石を鎮めた」とある。香取・鹿島両神宮の大神が地震を起こすと信じられていた大鯰の頭尾を地中に深く石棒を差し込み、刺し通したと伝えられる。

社殿は本殿、幣殿、拝殿が相連なる権現造の様式

▲その年の五穀豊穣を祈願する御田植祭は日本三大御田植祭のひとつ。

▲森閑とした境内にはご神木の老杉が天に向かい聳えている。

▶経津主大神が東国を平定したときの様子を模して行われる神幸祭。

▶下総国一宮・香取神宮の御朱印。

で本殿は国の重要文化財に指定されている。

祭神の経津主大神は武神として有名

祭神は経津主大神で別名を伊波比主大神といい、『日本書紀』によると磐裂根裂神の子神・磐筒男、磐筒女の子神と記され天津神の系神とされている。経津主大神は、鹿島神宮の祭神・武甕槌神とともに国中の荒ぶる神々を征討した武神でもある。

そして、一般的には家内安全、産業(農業・商工業)指導の神、海上守護、心願成就、縁結、安産の神として深く信仰されている。

さらに、そのご神徳は平和・外交の祖神として、勝運、交通安全、災難除けの神としても有名である。

◐お祭り

＜神幸祭＞

4月15日、経津主大神が東国を平定したときの様子を模して行われ、氏子が錦絵巻さながらに時代装束を身にまとい、行列を組んで神宮の周りを歩く。

＜御田植祭田植式＞

4月第1土・日に行われる。その年の五穀豊穣を祈る通称「かとりまち」ともいわれ、大阪住吉大社、三重県伊雑宮と並ぶ日本三大御田植祭のひとつ。

◎ DATA

住所　千葉県香取市香取1697-1
電話　0478-57-3211
時間　境内自由
拝観料　無料
定休日　無休
交通　JR佐原駅から タクシー約10分

◉マップ

香取神宮
笹川屋旅館
要石
護国神社
奥宮
至JR佐原駅
55

上総国一の宮

玉前神社

【たまさきじんじゃ】

海幸・山幸の神の伝説が伝わる神社

▶社殿は珍しい黒漆塗りの権現造り。

▶神楽が演じられる朱塗りの神楽殿。

▲房総最古の浜降り神事である上総十二社祭り。

神武天皇の母
玉依姫命を祀る

永禄年間（1558～1573）の大きな戦火により、社殿・宝物・文書の多くを焼失しているため、創建年代などは詳らかではない。しかし、平安時代初期にまとめられた『延喜式神名帳』では名神大社としてその名を列せられ、既にこの時代には全国で重きをおく神社として朝野の篤い崇敬を集めていたと考えられる。

神社の前には九十九里浜の南に位置する一宮海岸がある。現在、海岸まで約3㎞ほどの距離があるが、古代においてその間には幾つもの潟があった。その潟は埋め立てられ九十九里平野となっている。九十九里海岸の沖はいうまでもなく外洋の太平洋で南方からは黒潮が流れこんでくる海道の地。玉前神社の祭神・神武天皇の母である玉依姫命である。

社殿は黒漆塗・権現造り
という珍しい建築物

表参道入口には文化3年（1806）に造られた明神形石造の第2鳥居が建つ。さらに進むと第3鳥居があり社殿に至る。社殿は黒漆塗りの権現造りという珍しい建築で、貞享4年（1687）の建立。正面は大唐破風、流れ入母屋権現造、銅板葺きで、本殿・弊殿・拝殿と連なる。正面に高砂の彫刻があり、左甚五郎作といわれている。棟札は大きく、表には「奉造営　貞享4年3月13日大工棟梁大沼権兵衛」とあり、裏面には13ヵ村の名

▲子授けに霊験あらたかという子宝・子授け銀杏。

▲玉前神社の御朱印は境内の授与所で。

▲梅樹双雀鏡（はいじゅそうじゃくきょう）
「国指定重要文化財・有形工芸品」
※千葉県立中央博物館 大多喜城分館保管

▶一宮町の英霊を祀る招魂殿。

が記されている。社殿と棟札は千葉県指定の有形文化財に指定されている。

境内には、24時間いただくことができるご神水、さざれ石、子授かりイチョウ、さらに芭蕉の句碑（一宮町指定文化財・記念物史跡）、平廣常顕彰碑、イヌマキの群生（一宮町指定文化財・天然記念物）などがある。

口伝により伝えられる上総神楽

神社には口伝により継承されている「千葉県指定無形民俗文化財」の「上総神楽（かずさかぐら）」が伝えられている。玉前神社相伝の神楽面23面を有し、古くから社家の人達によって伝承されていたもので、現在は春・秋の祭礼をはじめ年間7度奉納されている。

◐お祭り

<春季大祭>
4月13日に行われる、上総国「裸祭り」として有名な秋の例祭と対をなす春の大祭。町内の小学生による国の安泰と氏子の繁栄を祈る「浦安の舞」の奉納がある。

<玉前神社例祭 上総十二社祭り>
9月13日、房総最古の浜降り神事で1200年以上の歴史と伝統をもつ。9基の神輿が九十九里の海岸に集う様は圧巻で、別名「裸祭り」ともいわれる。

◎ DATA

住所	千葉県長生郡一宮町一宮3048
電話	0475-42-2711
時間	境内自由
拝観料	無料
定休日	無休
交通	JR上総一宮から徒歩約8分

◉マップ

安房国一宮

安房神社【あわじんじゃ】

四季の風情に満ちる杜

▶安房全域をはじめ広く関東の崇敬を集める。

▶安房神社のご朱印。

▶推定樹齢五百年とされる御神木・槙。

産業の守護神として崇敬を集める

房総半島の南端、吾谷山(あづちやま)にある館山野鳥の森の暖帯植物樹林に囲まれて建つ旧官幣大社。安房国では最大の神社である。阿波国から天富命が忌部氏族を率いて、この地に祀ったのが起源とされる。

真白い第一鳥居をくぐると、参道の両側には桜並木が続く。社殿は神明造だが、殊に本殿は桧皮葺で建てられる。古の建築様式にならい作られる本殿を見ると、杜に満ちる四季の趣と相まって現在から抜け出すような錯覚を覚える。主祭神は産業の総祖神とされる天太玉命で、下の宮に房総開拓の神・天富命を祀る。

◐お祭り

<粥占い神事>
1月14日の夜、門松で粥を炊いて、炭の色で天候を占い、翌朝、米、麦など12種類の農作物の豊凶を占う、古式の神事であり、秘儀とされる。

<忌部塚祭>
7月10日。境内の洞窟遺跡から発見され、房総半島の開発に従事した忌部一族22の遺骨を偲び、報恩崇祖の誠を捧げる祭典。

◎ DATA

住所	千葉県館山市大神宮589
電話	0470-28-0034
時間	6:00 ～ 17:00 (授与所は8:30 ～ 17:00)
拝観料	無料
定休日	無休
交通	JR館山駅からバス約30分、 安房神社前下車徒歩約5分

◉マップ

安房国一宮

洲崎神社

【すのさきじんじゃ】

岬の突端、はるか阿波を望む神社

▲森に囲まれた静かな境内の中に拝殿が佇む。

▶航海術に長けた海の民が祖先神を祀る神社。

▶東京湾に突き出た洲崎岬の突端に鎮座する。

洲の崎の突端に位置する神社

房総半島南端から、西側に突き出た、洲の崎の岬の突端、大正時代に点灯された灯台の南、御手洗山麓（みたらしさんろく）にある古社。天富命（あめのとみのみこと）が阿波より忌部（いんべ）という航海術にたけた民（当時の儀仗兵にあたる）が、この地に上陸して祖先神を祀ったのが草創とされる。鳥居が海に向かって立っているのは、この故事によるとされ同じ音の「あわ」から安房の国となったという。

社殿は三間社流造り（さんげんしゃながれづくり）銅板葺きで、丹塗り仕上げがしてあり、欄間などの彫刻は江戸初期から中期の様式をよく残していて、延宝年間（1673〜81）に改築されたもの。祭神は天比理乃咩命（あめのひりのめのみこと）を祀る。

◐お祭り

＜例祭＞

8月20～22日の3日間行われる。伝統芸能（無形民俗文化財に指定）の洲崎踊りがあり、鹿島踊りと弥勒踊りの2つがある。いずれも3人が音頭をとり、一人が打つ太鼓を囲み女の子たちが輪になって踊る。なお、21日例大祭当日に限り子どもたちは衣裳を着て踊る。

◎ DATA

住　所	千葉県館山市洲崎1344
電　話	0470-29-0713
時　間	境内自由
拝観料	無料
定休日	無休
交　通	JR館山駅からバス約30分、洲崎神社前下車徒歩約3分

◉マップ

武蔵国一宮

氷川神社

【ひかわじんじゃ】

280社におよぶ氷川神社の総本社

▲朱色が鮮やかな楼門は氷川神社の代表的な建築物。

▶須佐之男命をはじめ稲田姫命、大己貴命の三柱を祀る。

▲緑豊かな参道が南北におよそ2kmのびる。

出雲族が須佐之男命を奉じて創建

社伝によると創建は紀元前473年、孝昭天皇3年と伝わる。祭神は須佐之男命、稲田姫命、大己貴命の三柱を祀るが、須佐之男命は出雲からはじまる、国土経営の神。『国造本紀』によれば、景行天皇の代に出雲の氏族が須佐之男命を奉じてこの地に移住したと伝えている。また、景行天皇の皇子・日本武尊が東征の際に負傷し、夢枕に現れた老人の言に従い氷川神社に詣でたところ、立てるようになったとの伝説が残る。

さらに『日本書紀』には成務天皇5年(135)9月に「国郡に造長を立て、県邑に稲置を置く」とあり、この時に出雲の兄多毛比命が武蔵国造となり、氷川神社を崇敬したという。

一般には奈良時代、聖武天皇の代に武蔵国一宮になり、『延喜式神名帳』には名神大社と記載されている。

関東の武士達の崇敬を集める

平安時代後期には、実質上関東を支配した坂東の武士達に大いに信仰され、荒川流域に多くの分社が建てられ、それが武蔵国中に広がった。治承4年(1180)には源頼朝が社殿を再建して、神馬神剣を奉納している。江戸時代の寛文7年(1667)には徳川将軍家により300石が寄進され、社頭の整備、社殿の建立が行われており、武家の信仰の篤さを物語っている。現在の本殿は、三社あった本殿を一社

▲三の鳥居を潜り、いよいよ境内へ。

▲見沼の名残ともいわれる神池。

▲御朱印は神札授与所でいただく。

▶昭和15年に造営された拝殿。

にまとめ、さらに、昭和15年（1940）に建て替えられたものである。

明治元年（1868）10月の東京遷都（とうきょうせんと）の際に明治天皇は東京入都から4日目には氷川神社を武蔵国総鎮守・勅祭社と定め、10日目には大宮に行幸し、10月28日に関東の神社の中で最初に親祭を行った。

緑豊かな参道は2㎞にもおよぶ

旧中山道の大宮区吉敷町から氷川神社まで、およそ2㎞の参道がほぼ南北に延びている。参道には三つの大鳥居があり、朱の神橋を渡ると美しい朱塗りの楼門と回廊が建つ。

楼門前の神池は見沼の名残といわれ、楼門をくぐると回廊に囲まれるように舞殿と拝殿が建つ。

◐お祭り

<例大祭>

8月1日に行われる。神社境内に約40基の山車・神輿が勅使奉迎のため集まり、神職によるお祓いのあと、囃子の競演が行われる。

<大湯祭>

伝統の酉の市で、大己貴命（大国様）と少彦名命（恵毘須様）の御影の福神札と福熊手が授与され、参拝者が先を争ってこれを受ける。

◎ DATA

住　所	埼玉県さいたま市大宮区高鼻町1-407
電　話	048-641-0137
時　間	5:30 ～ 17:30（季節により異なる）
拝観料	無料
定休日	無休
交　通	JR大宮駅東口から徒歩約15分

◉マップ

北大宮
氷川神社
JR高崎線
東武アーバンパークライン
宗像神社
幼稚園
市立博物館
JR東北本線
大栄橋
氷川神社入口
大宮ロフト
JR大宮

武蔵国一宮

氷川女體神社【ひかわにょたいじんじゃ】

貴重な鎮守の森を今に伝える

▲徳川家綱により建てられた三間社流れの社殿。

▶社域すぐ下に見沼を干拓した見沼用水が流れる。

▶境内前、参道の突き当たりにある磐船祭祀遺跡。

崇神天皇により出雲の神を勧請

社伝を述べる『武州一宮女躰宮御由緒書』によると崇神天皇（前97〜30）の勅により出雲国杵築大社（今の出雲大社）を移し、社領を寄進して当地に祀ったと伝える。

天武天皇4年（676）に国司任命の制度を定めた際には、氷川女體神社の神職・佐伯朝臣国造を足立郡の郡司に兼任させ、さらに持統天皇の世には勅納の大般若経が寄せられ、以降、正月の8日に読経されたという。

中世以降、武蔵国一宮として、鎌倉幕府をはじめ北条氏や徳川氏などの武家からの崇敬を特に集め、多くの奉納品や朱印状などが納められたが、それらが文化財として現存しており、「武蔵野の正倉院」と称されている。江戸幕府を開く前の天正19年（1591）に徳川家康から早々に発行された五十石を寄進する実筆の朱印状は、当社の格式の高さを如実に表している。

盛大に斎行される祇園磐船竜神祭

見沼では、氷川女體神社の最も重要な祭祀として「御船祭」が行われてきた。これは、身を清めた神職達が、神霊を神輿に遷し御座船で見沼を一里余り漕ぎ出し、四本竹を結ばれた御旅所に至って神酒を奉げるという神事であった。しかし、見沼は江戸時代の享保12年（1727）に干拓されたため「御船祭」が行えなくなった。そこで、見

▶小高い岡の上に「武蔵国一宮」の額を掲げる鳥居が建つ。

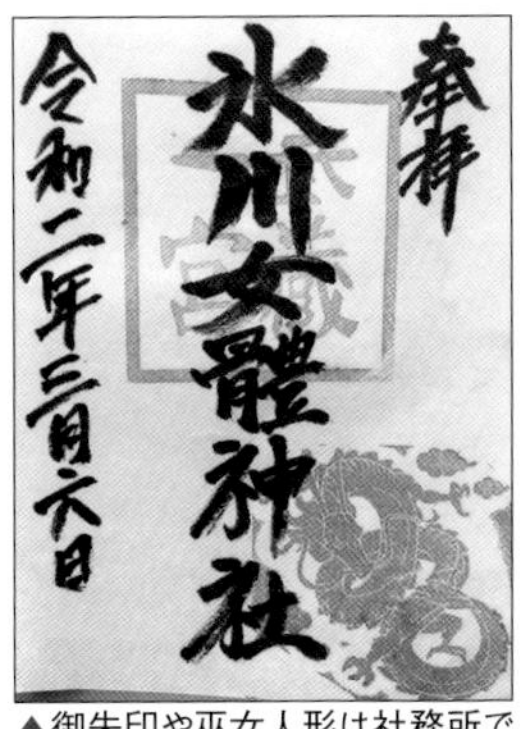

▲御朱印や巫女人形は社務所でいただく。

▶緑溢れる社叢は埼玉県「ふるさとの森」に指定される。

▶参拝者の祈りを大神様に伝える中継ぎの巫女人形。

沼の一部であった場所に、池の中に丸い島を築いた祭祀場を設け、そこで「御船祭」の代わりとなる「磐船祭」が行われていた。

この「磐船祭」も明治初年には途絶えたが、吉田宮司家が昭和50年代に復活させ、平成14年（2002）からは各祭を統合し、「祇園磐船竜神祭」として毎年5月4日に盛大に斎行されている。

見沼の主の竜を竜神社に奉斎する

見沼干拓の際に、主であった竜を女體様の守護神として竜神社に奉斎。さいたま市PRキャラクター「つなが竜ヌゥ」はその竜神様の子孫。祇園磐船竜神祭が斎行される祭祀遺跡を取り囲む池には、竜に出世する前の鯉が泳ぐ。

◐お祭り

<祇園磐船竜神祭>

毎年5月4日に斎行。「祇園祭」と江戸時代に最も重要な祭祀を復活した「磐船祭」、さいたま市の誕生を機にはじまった「竜神祭」を統合した祭り。一般公募で選ばれた稚児の舞や、巫女による優雅な舞が奉納される。

◎DATA

住　所	埼玉県さいたま市 緑区宮本2-17-1
電　話	048-874-6054
時　間	境内自由
拝観料	無料
定休日	無休
交　通	JR東浦和駅からバス約10分、 朝日坂上下車すぐ

◉マップ

相模国一宮

寒川神社

【さむかわじんじゃ】

八方除・方位除の御神徳で知られる

▲相模国一宮らしい堂々とした拝殿。

▶境内の一画には屋台が並ぶこともある。

▶センスあふれるお洒落な御朱印がいただける。

相模国唯一の名神大社とされる

創建年代は不明だが、『総国風土記』によると約1600年前の雄略天皇の御代に幣帛が奉納されたとあり、さらに神亀4年（727）に社殿が建立されたのがわかっている。

そして、桓武天皇の延暦7年（788）5月をはじめとして奉幣、勅祭を行なわせている為、近くに流れる相模川付近にあったと考えられている相模国府の存在から当時朝廷が推し進めていた東国経営とも関係が深いと推測されている。

『延喜式神名帳（えんぎしきじんみょうちょう）』によると、相模十三社のうち、唯一の名神大社と定められ、いかに朝廷の崇敬が篤かったかがうかがえる。

鎌倉時代から武将達に信仰される

鎌倉時代の『吾妻鏡』に一宮佐河大明神の名があり、源頼朝、北条義時以来、関東武士の信仰が篤かった。武田信玄も戦陣の途中に立ち寄り、その時、信玄は自分が纏っていた兜と太刀を安全祈願で奉納されたと言われており、兜は現在、寒川神社の方徳資料館に展示されている。また、徳川家からも篤く信仰されていたという。

全国唯一八方除のご神徳が有名

ご祭神は、寒川比古命（さむかわひこのみこと）、寒川比女命（さむかわひめのみこと）の二柱を祀り、総じて寒川大明神と称えられている。

寒川大明神は、相模国を中心に関東地方を開拓さ

▲参道の先、神門を潜ると正面に拝殿が建つ。

▲木々に覆われた緑溢れる参道が伸びる。

▲ご神祷申込所。

▶八方除、方位除のご神徳を求めて多くの参拝者が訪れる。

れ、衣食住など人間生活の根源を開発指導された関東地方文化の生みの親神様として大いに敬仰されてきた。

古くより関八州の守り神として、また江戸の正裏鬼門をお守りする社として全国各地より崇敬されている。とりわけ全国唯一の八方除・方位除の守護神として、地相・家相・方位・日柄などに起因するあらゆる悪事災難を取り除き、福徳開運をもたらす神として信仰されている。

難波（なんば）の小池を中心とした神嶽山神苑

当社の起源に深く関わりがあるという「難波の小池」を中心とした神苑で、本殿の奥にある。池泉回遊式の日本庭園が広がり、茶屋や資料館もある。

◐お祭り

<國府祭>
5月5日。寒川神社をはじめ、相模国二宮の川匂神社、三宮比々多神社、四宮前鳥神社、平塚八幡宮の五社が神輿で神揃山に参集する。

<浜降祭>
7月の海の日に行われる。茅ヶ崎海岸南湖の浜に寒川神社の神輿を筆頭として、寒川、茅ヶ崎地区の神輿約40基が海に入り、乱舞する勇壮な祭り。

◎ DATA

住　所	神奈川県高座郡 寒川町宮山3916
電　話	0467-75-0004
時　間	境内自由（神嶽山神苑は、ご祈祷を受けた人のみ入苑可能。3月上旬～12月初旬の開苑。月曜日休苑、但し、祝祭日開苑。9:00 ～ 16:00）
拝観料	無料
定休日	無休
交　通	JR相模線宮山駅から徒歩約5分

◉マップ

相模国鎮座

源氏が崇敬する八幡様を祀る 鶴岡八幡宮

【つるがおかはちまんぐう】

▶大石段を上ると上宮(本宮)に至る。ここからは鎌倉の街を一望できる。

▶鶴岡八幡宮の長い歴史を見つめてきた大銀杏。

▲段葛は、北条政子の安産を祈願して造られた参道。

守護神であり 古都鎌倉の名所の一つ

鎌倉駅東口から参道である若宮大路を真っ直ぐ進んだその先に建つ。源頼義が康平6年(1063)に石清水八幡宮を由比郷鶴岡に祀ったのを草創とする。治承4年(1180)、鎌倉に入った源頼朝が、現在地に遷座した。建久2年(1191)火災により焼失し、大臣山の中腹を開き本宮を造営、従来の場所を若宮とした。

本宮は本殿、幣殿、拝殿がある流権現造りで徳川家斉の造営、若宮とともに国の重要文化財に指定されている。廻廊の一部は宝物殿になっている。若宮も本宮と同じく流権現造り。御祭神として応神天皇、比売神、神功皇后を祀る。

◐お祭り

<鎌倉まつり>

4月第2日曜～第3日曜に行われる半世紀以上続く祭りで、舞殿で静の舞、流鏑馬馬場で流鏑馬などが行われる。

<流鏑馬>

鎌倉時代に確立した流鏑馬は、古くからこの地でさかんに奉納されていた、4月第2日曜の鎌倉まつりでは武田流、9月の例大祭では小笠原流が奉仕する。

◎ DATA

住所	神奈川県鎌倉市雪ノ下2-1-31
電話	0467-22-0315
時間	6:00 ～ 20:30（お守り・御朱印・ご祈祷などは8:30 ～ 16:30）
拝観料	無料
定休日	無休
交通	JR鎌倉駅から徒歩約10分

◉マップ

鶴岡八幡宮
横須賀線
21
鶴ヶ岡会館
清川病院
雪ノ下教会
鎌倉
鎌倉駅入口

甲斐国一宮

浅間神社

【あさまじんじゃ】

古くから安産のご利益で知られる

▶地域の産業とコラボした「葡萄酒守」。奉納された葡萄酒が封印されている。

▲摂社の山宮神社は元宮と伝えられている。

▲社殿は県の文化財に指定されている。

祭神は安産のご利益で知られる

果樹園の郷、ブドウや桃の畑が続くエリアにある式内社。古来より神の山とされていた神山の麓に、大山祇命（おおやまつみのみこと）、瓊々杵命（ににぎのみこと）、木花開耶姫（このはなさくやひめ）の3神を祀る神社があったが、貞観7年（865）に木花開耶姫を現在地に遷祀した。元宮は摂社山宮神社となっている。

ご祭神、木花開耶姫命は、富士山鎮護の神様であり、女性の神様として、良縁、安産、子授け、子育てと言った事にご利益がある。また、この地域の産業「葡萄酒造り」の神様として、広く葡萄酒醸造家からの崇敬もいただいている。平成30年日本遺産「葡萄畑の織りなす風景」の構成文化財となっている。

◐お祭り

<大神幸祭>

4月15日に行われる。「おみゆきさん」と呼ばれ天長2年（825）年以来続けられている。早朝、例祭斎行後に神幸祭が行われる。神輿は片道約24km先の甲府盆地の西にある甲斐市竜王釜無川の信玄堤まで渡御し、古式に従い川除祭が行われる。その後、再び浅間神社へ向かう。

◎DATA

住所	山梨県笛吹市一宮町一宮1684
電話	0553-47-0900
時間	境内自由
拝観料	無料
定休日	無休
交通	JR山梨市駅からタクシーで15分。高速バスで新宿バスタから90分一宮バス停下車。徒歩10分。

◉マップ

秩父神社
【ちちぶじんじゃ】

典雅で豪華な秩父夜祭で知られる

▶江戸時代初期に徳川家康により寄進された権現造りの社殿。

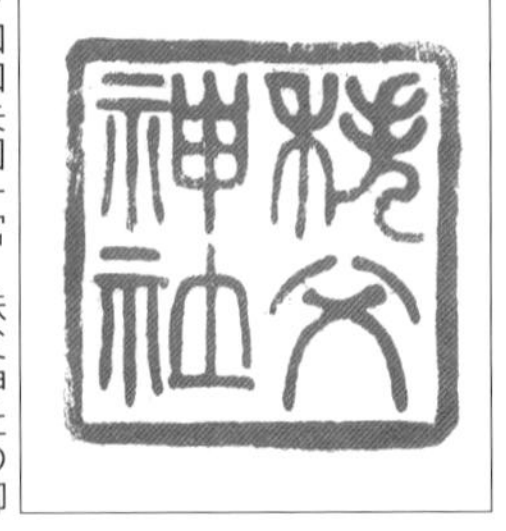

▶知知夫国一宮・秩父神社の御朱印。

▶よく見て、よく聞き、よく話す、お元気三匹の猿。

知知夫の国を司る関東屈指の古社

平安初期の典籍『先代旧事紀―国造本紀―』は秩父神社のはじまりを伝えている。それによると崇神天皇の時代、知知夫国の初代国造に八意思兼命を任命、その10世の子孫である知知夫彦命が祖神をお祀りしたのが起源という。

9世紀に入ると、さらに9世の孫知知夫狭手男が知知夫彦命を合祀、『延喜式』にも掲載される東国屈指の古社に数えられていた。そして、知知夫国が武蔵国に合わせられた後も武蔵総社の四宮・国衛崇敬の神として畏敬された。

中世以降は妙見信仰で武門から信仰

中世以降は、桓武平氏の祖である平高望王の子で関東武士団の源流、「武蔵野開発の父」と仰がれた平良文を祖とする秩父平氏が奉じる妙見信仰と習合。秩父妙見宮として長らく隆盛を極め、関東一円の武門の崇敬を集めた。

さらに近世に入ると養蚕の神としても庶民の信仰も集めた。しかし、永禄12年（1320）の武田信玄の軍勢によって社殿が焼失、現存する権現造りの社殿は天正20年（1592）に徳川家康により寄進・再興されたもので、江戸初期の建築様式をよく残し埼玉県の有形文化財に指定されている。そして、明治維新の神仏判然令により秩父神社の旧社名に復した。

主祭神に知知夫彦命、八意思兼命、そして妙見菩薩

▲神門をくぐると、参道のその先に本殿がある。

▲知知夫国の一宮として初詣は大変な賑わい。

▲社殿東側に施された
左甚五郎作のつなぎの龍。

▶荒川で勇壮に行われる川瀬祭りの神輿洗いの神事。

を天之御中主神（あめのみなかぬしのかみ）として祀り、さらに昭和天皇の弟である秩父宮雍仁親王（ちちぶのみやすひとしんのう）も祀っている。鳥居の扁額では「知知夫神社」と表記されていて、頒布されている護符などに現在も妙見信仰が残されている。

例祭の秩父夜祭は20万人以上の人出

秩父といえば「秩父夜祭」が有名である。秩父神社の例祭で毎年12月1日～6日の期間で行われる。あたかも能楽を想わせるような典雅な神代神楽に勇壮な屋台囃子、さらに豪華な笠鉾、屋台の曳きまわしに呼応する盛大な打ち上げ花火の競演などが行われる。多くの人々を魅了するお祭りとして知られ、関東一円から訪れる20万人以上の人出で賑わう。

◐お祭り

＜秩父夜祭＞

12月1日～6日。祭神である妙見様にちなんだ祭礼。妙見信仰は平安時代に献灯をもってする北辰祭として都に流行し、中世になり秩父の地に勢力を蓄えた秩父平氏が招来したもの。なお、秩父夜祭は、武甲山の男神と秩父神社の女神との年に一度の逢瀬の物語として語られることもある。

◎ DATA

住　所	埼玉県秩父市番場町1-3
電　話	0494-22-0262
時　間	境内自由
拝観料	無料
定休日	無休
交　通	西武線西武秩父駅から徒歩約15分

◉マップ

上野国一宮

一之宮貫前神社

【いちのみやぬきさきじんじゃ】

総漆塗りの華麗な社殿は貫前造りと称される

▶本殿は春日造りの変形で、貫前造りと呼ばれる。

▲江戸時代のはじめに建造された朱塗りの門は国の重文。

▲一度登ってから下がる参道は、くだり参道と呼ばれる。

藤原秀郷が将門の乱に祈願

富岡市西部の高台に鎮座する名神大社。北斜面の森林のなかに本殿があり、総門から参道が下り坂になっているのは珍しい。安閑天皇元年の創建と伝えられ、物部氏の氏神である経津主神（ふつぬしのかみ）とこの地方の養蚕機織りの神である姫大神の二柱を祀っている。藤原秀郷（ふじわらのひでさと）が平将門の乱の戦勝祈願に奉納した杉の1本が今も本殿裏に残る。

社殿は寛永12年（1635）徳川家光が造営、元禄11年（1698）徳川綱吉が大修理を行なった。総漆塗りで春日造りの変形。内部が2階建てとなっている貫前造りという特殊な建築様式で、重要文化財に指定されている。

◐お祭り

＜御戸開祭＞

12月12日と3月14日の年2回斎行される神事。おおよそ3週間ほど前から関連神事が執り行われる。その中には鹿の肩甲骨に焼いた錐を刺し火難を占う鹿占神事、神に供える神御衣を織る神機織神事などの伝統的な神事が行われる。また12年ごとに御仮殿を設けて行われる式年遷宮も、この祭りに合わせて斎行される。

◎DATA

住所　群馬県富岡市一ノ宮1535
電話　0274-62-2009
時間　境内自由
拝観料　無料
定休日　無休
交通　上信電鉄上州一宮駅から徒歩約10分

◉マップ

一之宮貫前神社
富岡市社会教育館
254
富岡バイパス
JA
一ノ宮駅前
村田内科医院
みさきや
199
上州一ノ宮

下野国一宮

二荒山神社

【ふたあらやまじんじゃ】

家内安全や商売繁盛、五穀豊穣の神

▶菊水祭で奉納される流鏑馬。

▶家内安全や商売繁盛にご利益がある。

▲戊辰戦争により失われた社殿は明治のはじめに再建された。

下野国造奈良別王がその祖神を祀った

栃木県の県都、宇都宮市の市街地中心にある名神大社。今から1600年前、仁徳天皇の御代に祭神である豊城入彦命の4世孫奈良別王が下野国造に任ぜられた。この時、祖神である豊城入彦命を荒尾崎（下之宮）に祭神として祀ったのがはじまり。その後、承和5年（838）に現在の地臼ヶ峰に遷されたと伝わる。社宝として、重要美術品の鉄製狛犬と八三十八間星兜、市指定文化財の『新式和歌集』などがある。

主祭神は、崇神天皇の皇子豊城入彦命、相殿に大物主神と事代主命を祀る。家内安全や商売繁盛、五穀豊穣などのご利益がある。

◐お祭り

<春渡祭（おたりや）>

1月15日に行われる神事で、二荒山神社が遷座された時、儀式が夜中に行われ「渡り夜」と称する。

<例祭附祭菊水祭>

10月の最終土曜日曜に行われる行事。二荒山神社の祭神・豊城入彦命を神輿の一種である鳳輦（ほうれん）にのせ、宇都宮の街を渡御する。

◎ DATA

住　所	栃木県宇都宮市馬場通り1-1-1
電　話	028-622-5271
時　間	6:00 ～ 20:00
拝観料	無料
定休日	無休
交　通	JR宇都宮駅から徒歩約15分

◉マップ

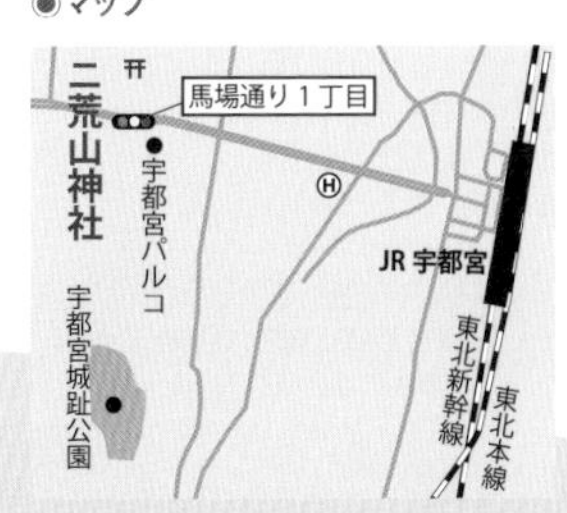

下野国一宮

日光二荒山神社

【にっこうふたらさんじんじゃ】

3つの日光の山の神様を総称

▶徳川秀忠が再建した本殿は国の重要文化財に指定されている。

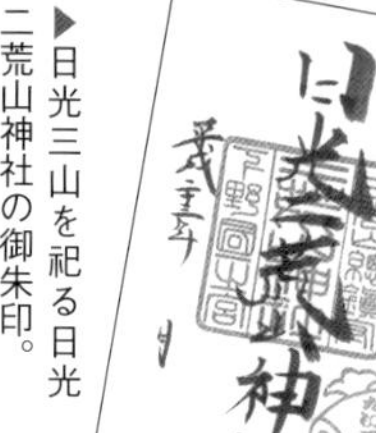

▶日光三山を祀る日光二荒山神社の御朱印。

▶中世を通じて天台系修験の中心地として栄えた。

勝道上人が山岳修行の場として創建

下野国の僧勝道上人が北部山岳地に修行の場を求め、大谷川北岸に現在の四本龍寺の前身の紫雲立寺を建て、神護景雲元年(767)になって二荒山(男体山)の神を祀る祠を現在別宮となっている本宮神社に建てたのが二荒山神社のはじまりという。勝道は二荒山への登頂を志して失敗を重ねたあと、ついに延暦元年(782)に登頂に成功し、そこに奥宮を建て、二荒修験の基礎を開いたともいう。

3つの山の神を祀る三所大権現

二荒山は標高2486mの男体山の別名である。この男体山をはじめ日光の3つの山の神(大己貴命、田心姫命、味耜高彦根命)を総称して二荒山大神とし、二荒山神社の主祭神としている。男体山以外の山は、女峯山(2464m)、太郎山(2368m)で、古くから神が鎮まる霊峰、いわゆる神奈備として信仰されてきた。この日光の神々は「日光三社」「日光三社権現」などと呼ばれ、親子神とされている。

重要文化財の社殿も見どころ

二荒山の名については、観音菩薩が住むとされる補陀洛山が訛ったものといわれ、弘法大師空海がこの地を訪れた際に「二荒」を「にこう」と読み、「日光」の字を当て、それが今の地名になったともいう。空海はその際に女峯山の神を

▲江戸時代に入り徳川将軍家の保護を受けてきた。

▲本殿の他、唐門、拝殿、鳥居、神橋なども国の重文に指定。

▶別名「ごたまつり」とも呼ばれる弥生祭は日光に春を告げる祭。

▲空海により「二荒」を「にこう」と読み「日光」の名になったという。

祀る滝尾神社を建てたという。また、慈覚大師円仁も日光を訪れ、現在輪王寺の本堂となっている三仏堂を建て、この時に天台宗となった。その後、二荒山の神を本宮神社から少し離れた地に移して社殿を建て、本宮神社には新たに御子神である太郎山の神を祀った。「日光三社」はこのとき新たに建てた現在の本社と本宮神社、そして滝尾神社を指すことになった。

二荒山神社は中世を通じて天台系の修験の中心地として栄えたが、戦国時代になり一時衰えた。しかし、江戸時代に入り、天海僧正により再興された。現在の社殿は元和5年（1619）に2代将軍徳川秀忠が再建したもの。本殿、唐門、拝殿、鳥居、神橋、各別宮、中宮祠は国の重要文化財である。

◐お祭り

<弥生祭>

日光に春を告げる祭りで、花家体が4月16日と17日に東町7台、西町4台の計13台が町中に繰り出される。この弥生祭は、昔から「ごた祭り」とも呼ばれ、いずれも古いしきたりを重んじ、格式通りに万事を進める祭り。そのため、ひとつまちがうと町内単位の『ごた=トラブル』になるため、この名前がついている。

◎ DATA

住　所	栃木県日光市山内2307
電　話	0288-54-0535
時　間	境内自由
拝観料	無料
定休日	無休
交　通	JR・東武日光駅からバス約10分西参道下車、徒歩約5分

◉マップ

日光二荒山神社
日光東照宮美術館
日光東照宮
さんない食堂
五重塔
宝物館
輪王寺本坊
宝物殿
120
ロマンチック街道

神社の常識

神社は日本全国津々浦々にある。身近な町や村の鎮守様であったり、格式のある大きな神社であったりその形は様々である。しかし、神社や神道、そして神様の本質をきちんと理解している人は限られているのではないか。ここでは、神社とは、神道とは、神とは、その姿を簡単に説明したい。

【神社の常識 ― その壱】

神道とは何か？

神社を訪れると、なにか不思議なものに包み込まれているような感覚を覚えることがないだろうか。この感覚が、神道を考えるうえでのキーワードとなる。

世界中には数多くの宗教が存在する。なかでもよく知られるのが、三大宗教のキリスト教、イスラム教、仏教である。では、三大宗教と神道の大きな違いはなんだろう。それは、三大宗教にはそれぞれ、イエス、ムハンマド、シャカという開祖がいるが、神道にはそうした人物がいない。そして、三大宗教にある聖書、コーラン、経という経典も神道には存在しないということである。

教理を説く人や経典がないのだから、神道の定義を正確に述べることは困難である。ただ、神道には「八百万の神」と称される様々な性格を持った神々がいる。自然物や自然現象、土地や衣食住に宿る神、さらには歴代の人物も神として崇められる。

西行の和歌に「何事のおはしますかはしらねどもかたじけなさになみだこぼるる」という一首がある。「その実態や姿はよく分からないが、そこに神がいることが感じられる」という意味である。この和歌は、神道の世界観をよく表しているといわえる。森羅万象の中に存在し、我々を見守ってくれる存在、それが神道の神々なのではないだろうか。

【神社の常識 ― その弐】

社殿が造られる前からあった磐座と神籬

神社のはじまりについて考えてみたい。神社はそのはじまりにおいて社殿のような常設の施設をもっていなかった。

社殿の代わりに用いられたのが、磐座や神籬といった露天の施設であった。磐座は神が降臨される岩で、巨大なものから小さなものまで大きさは様々。京都の松尾大社の社殿背後の松尾山や奈良の大神神社のご神体である三輪山をはじめ磐座をもつ神社は数多い。

一方、神籬は木製のもので、青竹などで四方を囲んで注連縄をめぐらした中央に弊を取り付けたものをいい、この弊に神が降臨されるのである。今でも新築現場の地鎮祭などに神籬を見ることができる。

【神社の常識 ― その参】

社殿建築を知る

社殿建築は一見どれも同じように見えるが実は様々なバリエーションがある。ここでは簡単に代表的な社殿建築を紹介しよう。

神明造りは伊勢神宮正殿の形式で、神明系の代表的様式。掘立柱で、切妻造平入り。屋根に千木と堅魚木を載せるのが特徴で、白木のまま。

大社造りは出雲大社本殿の形式で、大社系の代表的様式。切妻妻入り、千木、堅魚木をもつ。古代の宮殿が原型とされ、神明造り同様、白木のまま。

住吉造りは、大阪府の住吉大社の本殿を代表とする建築様式。切妻妻入り、千木、堅魚木をもつ。社殿内部が2室に分かれるのが特徴で朱塗りにされている。

流造りは京都の上賀茂神社・下鴨神社の本殿を代表とする建築様式。切妻平入りの庇を前に延長した形をしている。最大の特徴は井桁に組んだ土台で、神籬のように移動して用いられたと名残ともいう。

この他、両流造り（厳島神社本殿）、春日造り（春日大社本殿）、八幡造り（宇佐神宮本殿）、日吉造り（日吉大社本殿）、権現造り（東照宮）などがある。

全国一宮巡拝ガイド

＜第三章＞

東海・中部編

国家による東国経営の前線拠点となった東海の一宮を巡拝する

伊賀国一宮
敢國神社
伊勢国一宮
椿大神社
伊勢国一宮
都波岐奈加等神社
志摩国一宮
伊射波神社
志摩国一宮
伊雑宮
尾張国一宮
大神神社
尾張国一宮
真清田神社
三河国一宮
砥鹿神社
美濃国一宮
南宮大社
飛騨国一宮
飛驒一宮水無神社
伊豆国一宮
三嶋大社
駿河国一宮
富士山本宮浅間大社
遠江国一宮
小國神社
遠江国一宮
事任八幡宮
信濃国一宮
諏訪大社上社
信濃国一宮
諏訪大社下社

伊賀国一宮

敢國神社

【あえくにじんじゃ】

阿部氏の祖神・大彦命を主祭神として祀る

▶大彦命を祀る社殿は江戸時代のはじめに再建された。

▲末社のひとつである楠社。他に大石社、浅間社などがある。

▶本殿に参拝する前に身を清める手水舎。

四道将軍のひとり大彦命を祀る

今から約1400年のむかし、斉明天皇4年（658）に創建されたと伝わる。祭神は主祭神として大彦命、さらに少彦名命と金山比咩命を配祀する。主祭神の大彦命は、350年頃孝元天皇の長子として生まれ、大和朝廷創設期の武人として知られている。第10代崇神天皇の時代には「四道将軍」のひとりとして北陸・東海を征討する役目を負われた。

大彦命は一族を率いて出陣、伊賀国に永住してこの地で亡くなったといわれ、その子孫が伊賀国に広がっていった。大彦命は伊賀国の阿拝郡を中心地として居住したために、子孫は阿拝氏を名乗るようになり、「敢」「阿閉」「阿部」「安倍」と呼ばれ、阿部臣の祖となった。史実では敢國神社の創建年（658）に近い、斉明天皇6年（660）に阿部比羅夫が朝命により蝦夷征伐を開始していることに何らかの関係があるとも考察される。

少名彦命と金山比咩命を合祀

一方、伊賀地方には古代から渡来人である秦氏が多く住んでおり、彼らは信仰する少彦名命を敢國神社の前方に聳える南宮山山頂に祀っていた。敢國神社の創建時に南宮山から少彦名命を勧請している。さらに創建から319年後には、美濃国の南宮大社の摂社南宮御旅神社の御祭神である金山比咩命を本殿に合祀している。金山比咩命

▲境内には多くの末社が鎮座する。そのひとつである市杵島姫社。

▲むすび社は縁結びの神として篤い信仰を集めている。

▲神意を感じながらゆったりと歩みたい表参道。

▲古い歴史をもつ獅子神楽は三重県無形民俗文化財に指定。

は、鉱山技術と関係のある神で、古代の鉱山・製銅・製鉄技術を司った氏族の祖先神とも考えられる。

ご神徳は交通安全や商売繁盛など

敢國神社は、中世には南宮大菩薩とも呼ばれ、『源平盛衰記』には源義経が入京の時に参拝している記述がある。天正年間（1573〜91）には織田信長の兵火により社殿が焼失したが、江戸時代のはじめに再興された。

ご神徳は、主祭神の大彦命（おおびこのみこと）の遠征による活躍から交通安全、健康長寿の神様として、さらに少彦名命は医薬・酒造の祝神として商売繁盛の信仰が篤い。また、金山比咩命（かなやまひめのみこと）は近代産業に霊験あらたかな神として崇敬を集めている。

◐お祭り

<例祭>

12月5日に行われる、獅子神楽舞初祭、獅子神楽舞上祭。例祭では神事として獅子神楽が奉納される。敢國神社の獅子神楽は伊賀各地で行われている獅子神楽の原型とされ、三重県の無形文化財になっている。

◎ DATA

住所	三重県伊賀市一之宮877
電話	0595-23-3061
時間	境内自由（社務所は8:30 ～ 16:00）
拝観料	無料
定休日	無休
交通	伊賀鉄道上野市駅からバス約15分、敢国神社下車、徒歩すぐ

◉マップ

JR佐那具
ひだまり歯科
西方寺
金刀比羅神社
日本電子ライト本社工場
福泉寺
名阪国道
大阪電設工業
敢国神社
敢国神社

椿大神社

【つばきおおかみやしろ】

猿田彦大神の総本社とされる神社

▶境内には本殿・拝殿などの社殿の他、摂社・末社も多く祀られる。

▶境内に鎮座する別宮椿岸神社は縁結びや芸事にご利益があるという。

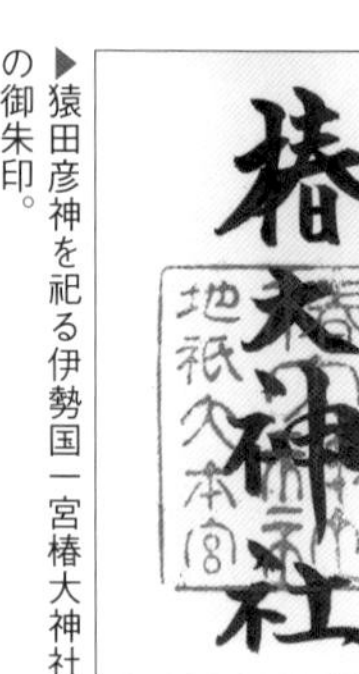

▶猿田彦神を祀る伊勢国一宮椿大神社の御朱印。

開運・縁結び・芸能の神として信仰される

鈴鹿山系高山の東麓に鎮座する、全国の猿田彦大神をお祀りする社の総本社とされている最古級の神社。高山（入道ヶ岳）をご神体とする山岳信仰の聖地であったところに、倭姫命の御神託により社殿を造営したとされる。境内には本殿の他に摂社、末社も多く、パナソニックの創業者である松下幸之助を祀る松下幸之助社がある。

祭神は猿田彦大神で、天孫降臨の道案内をし、開運の神として信仰されている。天狗のような鼻をもつ長身で赤ら顔であるといわれ、目が八咫鏡のように、またホオズキのように照り輝いているという姿であったという。

◐お祭り

＜春季例大祭＞

毎年4月11日。午前中に本宮大祭（講社大祭第一日祭）が斎行される。午後には京都金剛流宗家による神事能「鈿女」の奉納がある。

＜秋季例大祭＞

毎年10月11日。午前中に本宮において秋季例大祭が斎行され、午後に神幸祭が行われ神輿が巡行する。

◎DATA

住　所	三重県鈴鹿市山本町1871
電　話	059-371-1515
時　間	日の出から日の入り
拝観料	無料
定休日	無休
交　通	JR加佐登駅からバス約40分、椿大神社下車すぐ

◉マップ

伊勢国一宮

都波岐奈加等神社

【つばきなかとじんじゃ】

弘法大師奉納の獅子頭が伝わる

▶例大祭での獅子舞奉納の様子。

▶鳥居の前には都波岐神社、奈加等神社の碑が並ぶ。

▶神功皇后の三韓征伐を助けた神々を祀る。

三韓征伐で活躍した神々を祀る

鈴鹿川の下流に架かる鈴鹿大橋近くに並ぶ古社。雄略天皇23年（479）都波岐・奈加等の2社とも伊勢国造により創建。弘法大師が参篭して獅子頭を奉納した記録や、足利義満の参拝の記録がある。永禄年間（1558～70）の織田信長の兵火で社殿を焼失したが、獅子頭は無事だった。以来この地では獅子舞が広まり、4つの流派が競うようになっている。

祭神は、都波岐神社が猿田彦大神、奈加等神社が中筒之男命で、神功皇后の三韓征伐の際、ともに水軍を助け、日本水軍を大いに苦しめたという新羅の将鉄輪を打ち破ったとされる。

◐お祭り

<例大祭>

弘法大師が奉納したといわれる由緒ある獅子頭を擁して舞われる「中戸流舞神楽」が奉納される。雌雄2頭が、四方拝、飛の尾、起こし舞、扇の舞、花起こし、花の舞の順で奉納される。10月10日あるいは体育の日に行われる。

◎DATA

住所	三重県鈴鹿市一ノ宮町1181
電話	059-383-9698
時間	境内自由
拝観料	無料
定休日	無休
交通	JR河原田駅から徒歩約20分

◉マップ

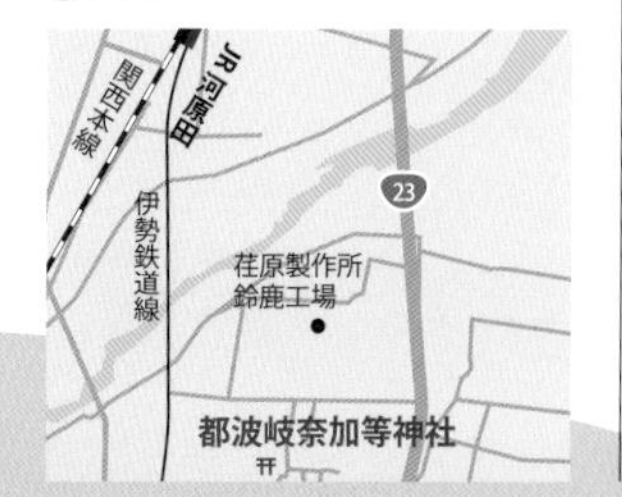

志摩国一宮

伊射波神社

【いさわじんじゃ】

志摩の多島美を望む古社

▶森閑とした社域の中に平成に再建された社殿が建つ。

▶老木に覆われた参道は神さびた雰囲気に包まれている。

▶境内からは志摩の多島美を望むことができる。

かぶらこさんの名で親しまれる

通称「かぶらこさん」と呼ばれる。加布良古崎にあることから加布良古大明神と称されたようだ。草創は不明だが、『延喜式』に、粟島（現在の安楽島）にありとされ、昭和の末に付近の発掘調査が行われ、古来からの存在は確認されている。安政元年（1854）の大地震と津波で、社殿や古文書が流失してしまったが、二礼四拍手を参拝儀礼としていた。

本殿は神明造りで平成13年（2001）の建物、籠堂は平成4年の再建。籠堂は大漁祈願や修行の場として使われてきた。祭神は、宗像三女神のひとり多紀理比売で、木花咲耶姫であるともいわれている。

◐お祭り

<勤労感謝祭>

大漁祈願祭では「大漁！大漁！」の掛け声が飛び交う。海上安全祈願祭とともに11月23日に行われる。

<例祭>

毎年7月7日に近い日曜日に行われ、明神祭ともいわれる。

◎ DATA

住所	三重県鳥羽市安楽島町1020
電話	0599-25-4354（宮司宅）
時間	境内自由
拝観料	無料
定休日	無休
交通	JR鳥羽駅からバス約20分、安楽島（鳥羽小涌園）下車、徒歩約30分

◉マップ

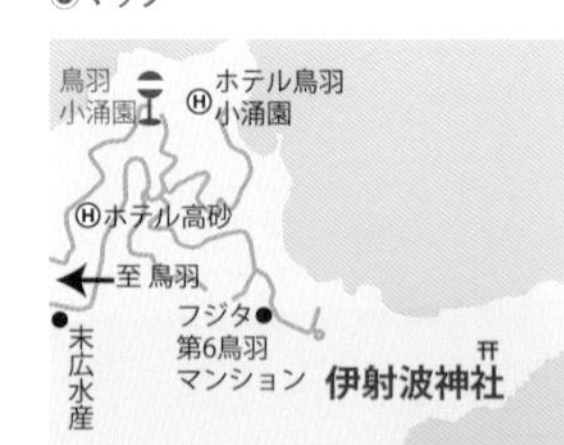

志摩国一宮

皇大神宮(内宮)の遙宮

伊雑宮【いざわのみや】

▲「磯部の御神田」とも呼ばれる雅な神事、御田植式。

▲清々しい気を感じることができる森閑とした境内。

▲別名「いぞうぐう」とも呼ばれ、神宮の「遙宮」として崇敬を集める。

山海の幸の豊饒を祈った磯部の宮

伊勢神宮の十四の別宮のうちのひとつ。天照大御神御魂を祀り、皇大神宮(内宮)の「遙宮」、「磯部の宮」とも称される。志摩地方は古くから朝廷と神宮に海産物を貢進した御食国であり、伊雑宮でも、海の幸・山の幸の豊饒が祈られた。

記録によると、『志摩国輸庸帳』神亀6年(729)に最も古く「伊雑神戸」の名がみられ、続いて延暦23年(804)、『皇太神宮儀式帳』にも記述がある。また、鎌倉時代に書かれた『倭姫命世記』によると、伊勢神宮が鎮座した後に、倭姫命がこの地に巡行し、伊佐波登美命に命じ、創祀したとされる。

◐お祭り

<伊雑宮御田植式>

6月24日に行われる雅な神事。「磯部の御神田」の名で知られ、国の重要無形民俗文化財に指定。日本三大御田植祭のひとつとされる。

◎ DATA

住　所	三重県志摩市磯部町上之郷374
電　話	0599-55-0038
時　間	5:00 ～ 18:00(5 ～ 8月は～ 19:00、10 ～ 12月は～ 17:00)
拝観料	無料
定休日	無休
交　通	近鉄上之郷駅より徒歩3分

◉マップ

尾張国一宮

大神神社

【おおみわじんじゃ】

大和から移り住んだ民が大物主を勧請

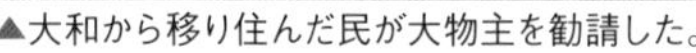

▲大和から移り住んだ民が大物主を勧請した。

▶1700坪ほどの境内には本殿と拝殿が建つ。

▶大和と同様に大国主命を祀る。

大和と同様に大物主神を祀る

尾張一宮駅の南、古くは美和郷と呼ばれた地に建つ名神大社。草創は不詳だが、美和という地名だったことから、大和の三輪よりこの地に移り住んだ民が、大和の大神神社を勧請したものと考えられている。天正12年（1584）の浅井田宮丸の戦乱により社殿を焼失したが、それまでは広大な神域を持っていたようだ。この時に、御輿は真清田神社（ますみだじんじゃ）に運ばれて、難を逃れた記録が残されている。

1700坪ほどの境内に拝殿と本殿が建つ。祭神は大和と同じく大物主神（おおものぬしのかみ）。『日本書紀』では大己貴神（おほなむちのかみ）の別名とされている神である。

◐お祭り

<例祭・その他>

例祭は10月10日に行われる。また月次祭は毎月2日に国家の隆昌と人々の平和を祈願して行われる。

◎ DATA

住所	愛知県一宮市花池2-15-28
電話	0586-45-5846（宮司宅）
時間	境内自由
拝観料	無料
定休日	無休
交通	JR尾張一宮駅から徒歩約20分

◉マップ

尾張国一宮

真清田神社

【ますみだじんじゃ】

尾張氏の祖を祀り、皇室・武家から厚い崇敬を受けた

▶尾張氏の祖先神を祀る尾張国一宮真清田神社の御朱印。

▲一宮市民の奉賛で再建された楼門。

▲独特の尾張造りの本殿は華麗で雄大な建築物。

尾張造りの壮麗な社殿

社伝によると、神武天皇33年（前627年）創建。令和4年に御鎮座2650年の佳節を迎えた。

祭神は古代豪族・尾張氏の奉斎神である天火明命（あめのほあかりのみこと）。摂社・服織（はとり）神社に祀られるのは機織守護神・萬幡豊秋津師比賣命（よろずはたとよあきつしひめのみこと）。

古代には名神大社、中世期には尾張国一宮、江戸時代には尾張徳川家より厚い崇敬を受けた。

昭和20年（1945）7月の一宮空襲で、社殿が焼失。戦後の復興造営事業で浄財を集めて再建された。令和3年（2021）に、市制100周年を迎えた一宮市の中心部に鎮座。市の名称の由来となっている。

◐お祭り

<例大祭>
4月3日に斎行。桃花祭ともいわれ、神幸行列に馬が供奉することから馬祭りとして名高い。

<七夕祭り>
日本三大七夕祭りの一つに数えられる。毎年7月の最終日曜日を最終日とする4日間、「おりもの感謝祭一宮七夕まつり」として行われる。

◎ DATA

住　所	愛知県一宮市真清田1-2-1
電　話	0586-73-5196
時　間	9：00～16：00
拝観料	無料
定休日	無休
交　通	JR尾張一宮駅から徒歩約10分

◉マップ

三河国一宮

砥鹿神社【とがじんじゃ】

豊かな自然に覆われた名社

▶里宮の拝殿。境内には大国主命親子をひとつところに祀る。

▶例大祭は毎年5月3日～5日にかけて行われる。4日はお神輿が出る。

▶三河国一宮砥鹿神社里宮の御朱印。

神聖な本宮山に奥宮をおく

東海地方の総鎮守社。円錐形の美しい姿で杉や檜の茂る海抜789mの本宮山山頂に奥宮の社殿、社務所、参拝者参籠所、古代の磐坐である「国見岩」と呼ばれる大岩がある。「国見岩」は神の宿る場所として神聖なところ、さらに聖域として修行の場であったと考えられる。

神社では「奥の院岩戸神社」と称しているが、奥の院という呼び名が神仏習合時代の名残をとどめている。

本宮山の山頂からは、富士山から南アルプス、浜名湖、伊勢までも遠望できる絶景の地で、さらにここは愛知県立自然公園に指定される。特にツツジの花園丸山をはじめ全山が植物の宝庫でもある。

里宮には大国主神親子を祀る

里宮は約1300年の昔、文武天皇の大宝年間にご神託により今の地に鎮まった。本殿には大己貴命（大国主神の別名）をお祀りし、摂社二宮社三宮社にはそれぞれ大神の御子神である「えびす様」とも称される事代主命が二宮社に、「お諏訪様」とも称される建御名方命が三宮にお祀りされている。

祭神の大国主神は、少彦名神と力を合わせて国づくりをされ、「俺達の造った国は果たして良くできているだろうか」と少彦名神に問うた。

少彦名神は「できたところもあるし、できていない

▲例大祭で奉納される流鏑馬式は５月３・４日に行われる。

▲御神宝として収蔵される田峯の銅鐸は愛知県指定の文化財。

▲宝物館には多くの御神宝が収蔵されるが、そのひとつ永禄３年和鞍。

▶本宮山山頂に建つ奥宮拝殿。

ところもある」と答えたが、その後、熊野の御碕で常世国に去られた。

大国主神は一人でできあがっていないところを造り上げ、天つ神に国譲りをした。しかし、子の建御名方命はそれを拒み諏訪に入り、「お諏訪様」と呼ばれた。その親子神を祀っている。

ご神徳は家運隆昌、交通安全など

大国主神は「だいこく」と読めるところから「だいこく様」と親しまれ、家運隆昌、交通安全、厄難消除、八難八方除、縁結びなどの信仰を集めている。また、えびす様をお祀りする摂社二宮社は「三河えびす社」とも呼ばれており、商売繁盛の神として崇敬される。

◐お祭り

<田遊祭>

1月3日。境内で、田打ちから収穫までを氏子が面白おかしく演じる農耕神事。

<例大祭>

5月3日は、午前中に献花祭と神御衣奉献祭、午後から宵宮祭と流鏑馬試乗、5月4日は午前中に例祭、午後は神輿渡御と流鏑馬、5日は後鎮祭と稚児行列となる。

◎DATA

住　所	愛知県豊川市一宮町西垣内2
電　話	0533-93-2001（里宮）
時　間	境内自由
拝観料	無料
定休日	無休
交　通	JR三河一宮駅から徒歩約5分 豊川ICより新城方面へ車で約5分

◉マップ

美濃国一宮

南宮大社

【なんぐうたいしゃ】

整然と立ち並ぶ朱塗りの社殿が美しい

▶美しい朱塗の社殿が整然と立ち並ぶ。

▶金物業者の崇敬を集める金山祭・ふいご祭。

▲例大祭では３基の神輿が御旅所へ向かう。

鉄鋼・鉱山の総本宮

草創は神武天皇の御代とされ、崇神天皇の時代に現在の地に遷座したと伝わる。慶長５年（１６００）、関ヶ原合戦の兵火により焼失。春日局の願いにより、三代将軍徳川家光公が、寛永19年（１６４２）に再建した。

朱塗りの壮麗な社殿をはじめ、18棟が国の重要文化財である。

金山彦大神を主祭神として、相殿に彦火火出見尊、見野命をお祀りする。金山彦大神はお生まれになられた姿が流鉄に似ていたことから、鉄鋼・鉱山の神として崇敬される。現在も全国の金属業・鉄鉱業・鍛冶関係者から厚い信仰を集める。

◐お祭り

<例大祭>

5月5日に行われる。神幸式は厳粛な式典の後、神霊を移した3台の神輿とともに御旅神社へ向かう。行列が御旅神社に着くと一連の神事が斎行され、「胡蝶の舞」が奉納される。蛇山神事は五穀豊穣を願う農耕信仰の神事で、明け方から神輿が還幸するまで囃子に合わせて蛇頭を上下左右に勢いよく揺り動かし、口を開閉して舞い続ける。

◎ DATA

住　所	岐阜県不破郡垂井町宮代1734-1
電　話	0584-22-1225
時　間	5:00 ～ 18:00（夏季） 6:00 ～ 17:00（冬季）
拝観料	無料
定休日	無休
交　通	JR垂井駅から徒歩約20分

◉マップ

飛騨国一宮

飛騨一宮水無神社

【ひだいちのみやみなしじんじゃ】

水源地に鎮まる水主神

▲岐阜県無形民俗文化財の神事芸能が奉納される例祭(5月2日)。

▲五穀豊穣と女性幸福を祈念する「生きびな祭」(4月3日)。

▲霊峰・位山を神体山(奥宮)とする神社。

飛騨国の宗祀 水無大神を祀る

主祭神の御歳大神(水無大神)を始め十四柱の相殿神、また摂末社に飛騨国中の神々を奉祀する。水無大神は、神通川(宮川)と飛騨川の分水嶺、水源である位山(奥宮)に鎮座する水主神として、生命、特に農作物に実りをもたらす「作神様」として信仰されてきた。そのご神徳ゆえに、農業、養蚕業の守護、延命(健康)長寿のご神威が高いとされている。

創立鎮座の年代は神代と伝わり、古来より飛騨国一宮として崇敬されてきた。近世になると、高山の領主金森長近から崇され、以降、江戸時代を通じて歴代の藩主、代官および庶民の信仰を集めた。

◐お祭り

<生きびな祭と宮まつり>

4月3日の「生きびな祭」には、五穀豊穣と女性幸福（良縁成就、夫婦円満など）を願って飛騨内外から多くの参拝者が訪れる。

5月1日・2日の「宮まつり」（試楽祭、例祭）では、岐阜県無形民俗文化財である神事芸能、「闘鶏楽」「神代踊」「獅子舞」が奉納され、参拝者には濁酒（どぶろく）が振る舞われる。

◎ DATA

住所	岐阜県高山市一之宮町5323
電話	0577-53-2001
時間	境内自由
拝観料	無料
定休日	無休
交通	JR飛騨一之宮駅から徒歩約10分

◉マップ

伊豆国一宮

三嶋大社

【みしまたいしゃ】

源頼朝・政子夫妻が崇敬した東海一の大社

▶三嶋大社では本殿や弊殿などを総じて御殿と称する。

▲国の天然記念物に指定されている金木犀。

▶春の時期は、総門の中にも桜の花が溢れる。

古くは朝廷、中世以降は武家の信仰を集める

創建時期は明らかではないが、古くから活火山である富士山麓の神、伊豆国魂の神、国土開発の神として朝廷からの崇敬が篤かった。平安時代前期の『文徳実録』、『日本三代実録』などの歴史書によると、貞観10年（868）には神階として従三位が与えられ、平安時代中期の『延喜式』によると伊豆国の式内社92座の筆頭に仰がれている。

中世以降は、武士の信仰を集め、特に平治の乱に敗れ伊豆の蛭ヶ小島に流された源頼朝は深く崇敬し源氏再興を祈願したという。治承・寿永の乱で壇の浦に平氏を滅ぼすと、ひとえに戦勝は三嶋大明神の加護によるものとして神領の寄進を行い、さらに鎌倉幕府を開くと幕府の守護神と仰いだ。

三嶋大明神に奉じられた神宝の中で、頼朝の正室北条政子が奉納したといわれる国宝「梅蒔絵手箱」は当時の最高技術を結集させたものとして知られている。

木花開耶姫の父神・大山祇命を祀る

祭神は大山祇命、積羽八重事代主神の2柱を総じて三嶋大明神と称する。大山祇命は瀬戸内の大三島に鎮座する大山祇神社の祭神・大山祇神と同神で、その娘が木花開耶姫で富士山本宮浅間大社の主祭神である。

大山祇命は、山森農産の守護神として、事代主神は

▶初詣では毎年60万人もの参拝客が大鳥居をくぐる。

▲神池にかかる桜が美しい。

▶例祭（8月17日）では古式ゆかしい流鏑馬が奉納される。

▶三嶋大祭りで行われる源頼朝旗挙出陣奉告式（8月16日）。

大国主神（大己貴神）の子で庶民、特に商・工・漁業者からは「恵比須様」として親しまれている商売繁盛・福徳の神である。

現在の社殿は幕末に再建されたもの

鬱蒼とした森に囲まれた約5万㎡の社域の中に建つ社殿は、文治3年（1187）以降、地震などの災害により25度にわたり造営が繰り返されてきた。

現在の建物は、嘉永7年（1854）11月4日の東海大地震で倒壊した後に再建された。

復旧は安政5年（1858）から行なわれ、大鳥居、本殿、拝殿、弊殿、舞殿、神門、総門などが約10年の歳月をかけて慶応2年（1866）に完成した。

◐お祭り

<例祭>

三嶋大祭りとも呼ばれ、8月15日～17日にかけて行われる。例祭は16日の午前にはじまる。年間151回行われる恒例祭典のうち、最も重儀な大祭。宮司以下神職全員が精進潔斎の参籠をし祭典に臨む。その後、頼朝旗挙出陣奉告祭や手筒花火神事が行われる。17日には流鏑馬神事が奉納される。

◎ DATA

住　所	静岡県三島市大宮町2-1-5
電　話	055-975-0172
時　間	境内自由
拝観料	無料
定休日	無休
交　通	JR三島駅から徒歩約15分

◉マップ

駿河国一宮

富士山本宮浅間大社

【ふじさんほんぐうせんげんたいしゃ】

霊山と信仰される富士山をご神体とする

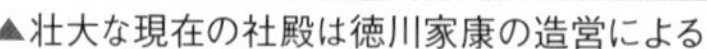

▲壮大な現在の社殿は徳川家康の造営による。

▲ご神体の富士山の頂上に鎮座する奥宮。

▲平成の名水百選にも選ばれている湧玉池。

富士山の噴火を鎮めるために創建された

全国1300余の浅間神社の総本宮で、古来、富士山本宮浅間神社と称していたが、昭和57年（1982）に富士山本宮浅間大社と社名が変更された。その起源は『富士本宮浅間社記』によると、孝霊天皇（第7代）の時代に富士山が大噴火を起こし、周囲は大変荒廃した状態が続いた。これを憂慮した垂仁天皇（第11代）は、その3年（前27）に浅間大神を山足の地に祀り山霊を鎮めたことによるという。

主祭神は女神の木花之佐久夜毘売命

浅間大神は木花之佐久夜毘売命のことで、この女神を主祭神とする。木花之佐久夜毘売命は、大山祇神の息女で大変に美しい神様といわれている。天孫である瓊々杵尊の皇后となられた神で、命はご懐妊の際、貞節を疑われたことから証を立てるため、戸の無い産屋を建て、周りに火を放ち出産した。そして、無事3人の皇子が生まれたという故事にちなみ、家庭円満・安産・子安・水徳の神とされ、火難消除・安産・航海・漁業・農業・機織等の守護神として全国的な崇敬を集めている。

朝廷や歴代の武将達の信仰を集める

浅間大社は富士山をご神体とする。富士山は古代より清らかで気高い霊山として人々の信仰を集めてきた。『万葉集』にも山部赤人や高橋蟲麻呂らが富

▲富士山山頂の久須志岳に鎮座する久須志神社。

▲浅間大社流鏑馬保存会により伝承されている鏑馬式。

▲朱色が鮮やかな楼門も徳川家康の造営。

▲境内に咲く信玄桜を観に春の時期多くの人が訪れる。

士山の美しさを詠んだ歌を残している。最初に祀られた「山足の地」は、富士山麓の適所を選んで祭祀を行ったと考えられ、後に山宮が設けられた。山宮は社殿がなく古木・磐境（いわさか）を通して富士山を直接祀る古代祭祀の原初形態を残している。

大同元年（806）、坂上田村麻呂は平城天皇の勅命を奉じ、現在の大宮の地に壮大な社殿を造営し、山宮からの遷座を行った。朝廷からも篤い崇敬を受け、延喜の制では名神大社（みょうじんたいしゃ）とされ、さらに、源頼朝、武田信玄・勝頼父子や徳川家康などの武将からも信仰された。特に徳川家康は関ヶ原の戦いに勝利した御礼として、本殿（重文）・拝殿・楼門をはじめ30余棟を造営した。

◐お祭り

<流鏑馬祭>

5月4日～6日。5日の本祭日には、古式流鏑馬が奉納される。午後からは、鎌倉絵巻さながらに市内を練り歩き、勇壮な流鏑馬が奉納される。

<開山祭>

7月1日。7・8月の富士山の山開きにあたり、安全を祈願する祭り。祭典終了後、富士宮口5合目・村山浅間神社などにおいて開山式が行われる。

◎DATA

住所	静岡県富士宮市宮町1-1
電話	0544-27-2002
時間	境内自由
拝観料	無料
定休日	無休
交通	JR富士宮駅から徒歩約15分

◉マップ

遠江国一宮

小國神社【おくにじんじゃ】

遠江国の中央に大己貴命を祀る

▲檜皮葺きの社殿群は現在４年の歳月をかけて改修をおこなっている。（令和２年４月現在）

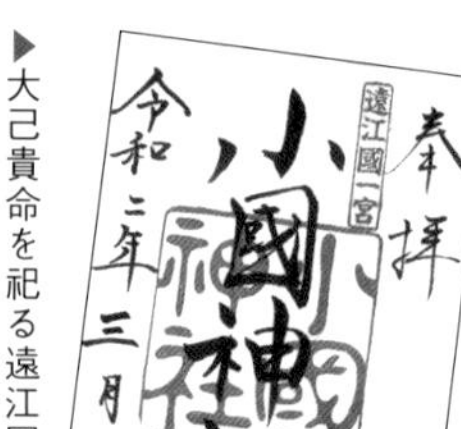

▶大己貴命を祀る遠江国一宮小國神社の御朱印。

▶初夏に美しい花を咲かせる門前の一宮花菖蒲園。

欽明天皇の御代に創始された古社

遠江国一宮小國神社は、静岡県の西部、遠州地方の森町一宮、本宮山の山麓より湧き出る清流宮川のほとりに鎮座する。社名の「小國」は、神々が鎮まる美しい場所を表わしている。

社伝によれば、欽明天皇の御代に、本宮山（５１１ｍ）に神霊が鎮まり、社殿が造営され、後に６㎞南の山麓の現在地に遷宮した。現在、本宮山には境外末社・奥磐戸神社（奥宮）が鎮まり、人々が登拝している。

杉や檜の巨木に囲まれた広大な境内（約33万坪）には、川が流れ、花菖蒲や紅葉の名所として知られる。

今の社殿は明治になり再建

鎌倉初期の史料には「当国鎮守小國一宮」と記され、江戸時代には「一宮小國神社」を称し、徳川将軍家から幾度も寄進を受けた。明治にはいり、社殿を焼失したものの、出雲大社当局の厚意により、ご本殿図面を拝借、明治19年（１８８６）に出雲大社ご本殿約２分の１のスケールの本殿を含む社殿群の再建を果たした。

また、当社は、秋篠宮文仁親王殿下同妃紀子殿下、神宮祭主池田厚子様、高円宮妃久子殿下よりご親拝を賜っている。

御神徳の高い大己貴命が祭神

祭神の大己貴命は「大国主命」とも呼ばれ、「因幡の白うさぎ」の神話で知られる心優しい神様。一般には

▲約33万坪の広大なご神域の荘厳な森に囲まれた社殿。

▲宮川に反射する赤橋と青もみじ。清々しさを感じご神域。

▲縁結びのご神木「ひょうの木」は樹齢700 ～ 800年といわれる古木。

▶古式十二段舞楽「色香」。

「大国様」と呼ばれ親しまれている。

大己貴命には多くの神名があり、豊葦原の国(日本の国)を稲穂がたくさんみのる豊かな国に造りあげ、天孫に国を譲った神として「国作之大神」・「大穴牟遅神」ともいわれる。

また、農業・山林・鉱業・縁結び・医薬の開発・禁厭の法(鳥や害虫から作物を守る方法)を授けた神として「大物主神」・「宇都志国玉神」・「大国玉神」とも呼ばれている。

このように国土開発・殖産・医療などの知識や文化を人々に授けるなど大きな力を発揮したことから、国土経営・諸業繁栄・夫婦和合・縁結び・厄除けなど、多くのご神徳をもつ神として朝野の崇敬を受けている。

◐ご神木

<ひょうの木／和名：檮（イスノキ）>

樹齢700 ～ 800年といわれる当社の縁結びのご神木「ひょうの木」。その姿からは、幾年もの年月を経た古木が持つ包み込むような大らかさと威厳を漂わせる。

<ひょうの木の伝説>

ご祭神「大己貴命」がひょうの木になる不思議な「ひょうの実」を口に当て笛のように吹いたところ、その美しい音色に感銘を受けた女神が現れ、契りを結んだという。

◎ DATA

住　所	静岡県周智郡森町一宮3956-1
電　話	0538-89-7302
時　間	境内自由
拝観料	無料
定休日	無休
交　通	新東名高速道路森町スマートICより約7分

◉マップ

遠江国一宮

言葉のままに願いをかなえてくれる

事任八幡宮

【ことのままはちまんぐう】

▶言葉のままに願いを叶えてくれる神社。

▶ことだまの社として崇敬を集める。

▲境内には樹齢千年を越える大木が繁る。

巨樹の覆われる「ことのままの社」

旧東海道の難所、日坂宿と掛川宿の間にある式内社。『延喜式』には「己等乃麻知神社」とあり、貞観2年（860）従五位下に叙せれている。祭神の己等乃麻知媛命は天児屋根命の母。『十六夜日記』に「ことのままの社」と出ている。広い境内には、樹齢千年を超える大木が茂り、森閑とした雰囲気に包まれている。

祭神は、己等乃麻知媛命に、誉田別尊（応神天皇）、息長足姫命（神功皇后）、豊玉姫の妹の玉依姫である。通常の八幡宮と異なり玉依姫が合祀されているところに歴史の古さが伺われる。願い事が、「言葉のままに叶う」として崇敬を集めている。

◐お祭り

<例大祭>

9月中旬に日坂地区の古宮、下町、本町、川向の各町、八坂地区の宮村、塩井川原、影森、海老名の各町の山車が参加して催される。3日間かけて盛大に行われるもので、祭囃子を奉納する「大笛祭」や「浦安の舞」や朝顔屋台といわれる8台の二輪屋台や御輿の渡御が厳かに、そして賑やかに行われる。

◎DATA

住所	静岡県掛川市八坂642
電話	0537-27-1690
時間	境内自由
拝観料	無料
定休日	無休
交通	JR掛川駅からバス約20分、八幡宮前下車すぐ

◉マップ

信濃国一宮

勇壮な「おんばしらさい」で知られる 諏訪大社上社

【すわたいしゃかみしゃ】

▶社殿は、幣拝殿と片拝殿のみで本殿を持たない諏訪造りという様式。

▶社殿の四隅に立つ「おんばしら」(一之御柱)。

▲国の重要文化財に指定される本宮幣拝殿。

全国に1万社ある諏訪神社の総本社

「お諏訪さま」として親しまれる。上社は前宮と本宮からなり、本宮の幣拝殿は諏訪造りと呼ばれる。東宝殿、西宝殿という二棟の茅葺きの建物は最も大切な御殿とされ、寅年と申年毎に交互に建替が行われる。前宮は御祭神が最初に居を構えられた地と伝えられ、諏訪信仰発祥の地ともいわれている。

御祭神は、建御名方神とその妃神の八坂刀売神。建御名方神は大国主神の御子神で、武神として武田信玄、徳川家康などの武将に篤く崇敬されていた。古くは雨・風を司る神として、現在は五穀豊穣や開運招福などご神徳は宏大無辺である。

◐お祭り

<式年造営御柱大祭>

通常「おんばしらさい」と呼ばれる諏訪大社最大の神事。寅と申の年に行われ、7年に一度斎行される。山中から樅の大木を16本伐り出し、氏子が分担して各お宮まで曳行し社殿の四隅に建てる勇壮な大祭である。次回は、令和4年(2022)に行われる。

◎ DATA

住所	(前宮)長野県茅野市宮川 (本宮)長野県諏訪市中洲宮山
電話	(本宮)0266-52-1919
時間	境内自由
拝観料	無料
定休日	無休
交通	(前宮)JR茅野駅からタクシー約8分。本宮より徒歩約15分 (本宮)JR上諏訪駅からバス約20分、バス停上社下車すぐ

◉マップ

至上諏訪
神宮寺
16
183
●(有)濱工務店
至茅野
諏訪大社上社本宮
上社

信濃国一宮

諏訪大社下社

【すわたいしゃしもしゃ】

一位の木をご神木と拝する名社

▲日本一といわれる青銅製の狛犬を従える秋宮神楽殿。

▲二重楼門造りの秋宮幣拝殿。

▶春宮幣拝殿は国の重要文化財に指定される。

下馬橋は下社最古の建物

下社は春宮と秋宮で形成される。春宮は杉の木、秋宮は一位(いちい)の木をご神木として拝し、今に古代祭祀の形態を色濃く残している。春宮の社務所から伸びる道路は、かつて多くの武士達が流鏑馬(やぶさめ)を競った馬場で、御手洗川(みたらしがわ)に架かる下馬橋は下社で最古の建物。神楽殿と幣拝殿、左右片拝殿、宝殿と続く建物の配置は春宮、秋宮共通の形式である。秋宮は旧中仙道と甲州街道の分岐点の要所に鎮座し、神楽殿の両脇には青銅製では日本一とされる狛犬がある。

御祭神は建御名方神(たけみなかたのかみ)とその妃神の八坂刀売神(やさかとめのかみ)で、併せて八重事代主神(やえことしろぬしのかみ)を合祀する。

◐お祭り

＜筒粥神事＞

1月15日に、春宮で行われるの年占い神事。筒粥殿で前夜から大釜に米・小豆・葦の筒とうを入れて粥を炊き、43種の農作物と世の中の吉凶を占う。

＜御田植神事＞

6月30日。末社御作田社の神前にて神事を行い、続けて田舞を奏し、神事田で田植えを行う。1ヶ月後には神前にお米を供することができたといわれている。

◎ DATA

住　所	(春宮)長野県諏訪郡下諏訪町大門 (秋宮)長野県諏訪郡下諏訪町上久保
電　話	(秋宮) 0266-27-8035
時　間	境内自由
拝観料	無料
定休日	無休
交　通	(春宮) JR下諏訪駅から徒歩約20分 (秋宮) JR下諏訪駅から徒歩約10分

◉マップ

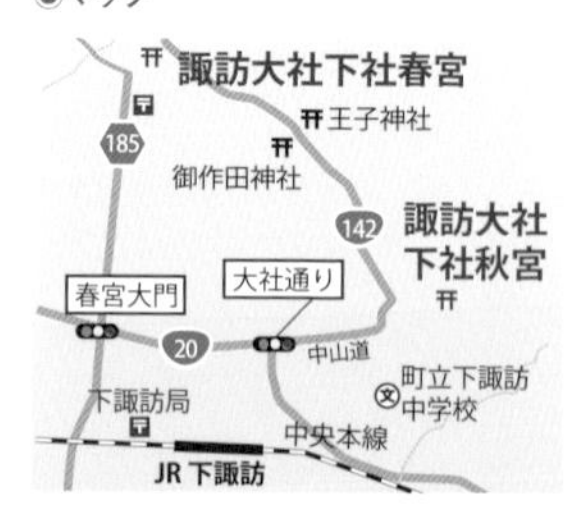

全国一宮巡拝ガイド

<第四章>

北陸編

大陸への公海である
日本海沿岸に鎮座する
北陸の一宮を巡拝する

若狭国一宮
若狭彦神社・若狭姫神社

越前国一宮
氣比神宮

加賀国一宮
白山比咩神社

能登国一宮
氣多大社

越中国一宮
髙瀬神社

越中国一宮
氣多神社

越中国一宮
雄山神社

越中国一宮
射水神社

越後国一宮
彌彦神社

越後国一宮
居多神社

佐渡国一宮
度津神社

若狭国一宮

若狭彦神社・若狭姫神社

【わかさひこじんじゃ・わかさひめじんじゃ】

奈良に春を告げる「お水とり」の元となった神社

▶若狭彦神社と若狭姫神社を合わせてひとつの神社。

▶奈良東大寺に閼伽水を送る神社として有名。

▶若狭姫神社の境内に聳える千年杉。

飛び地境内に鵜の瀬がある

遠敷川沿いに立つ夫婦神の名神大社。若狭彦神と若狭姫神は小浜下根来鵜の瀬に降臨されたとし、若狭国巡歴の後、霊亀元年（715）若狭彦神社、養老5年（712）若狭姫神社に鎮座した。両社をあわせて白石明神、鵜の瀬明神と呼ばれていたが、のちにあわせて遠敷明神と呼ばれるようになった。

鵜の瀬は飛び地境内である。天平勝宝4年（752）東大寺に遅参したことから、閼伽水を献上することになり、東大寺若狭井に水がおくられることになったという。東大寺の「お水とり」は、この故事によるもので、鵜の瀬で「お水送り」の神事が行われる。

◐お祭り

＜例祭＞

3月10日に下社で、小浜湾で獲れた鮮魚を奉納し、海の幸に感謝をささげ、航海安全と大漁を祈願する。二月堂の修二会では神名帳を読んで諸神を勧請したが、当社の遠敷明神は漁を行っており、これに忙しく参じるのが遅れたという。遠敷明神はお詫びとして、二月堂十一面観音にお供の閼伽水を送ると約束したというほど漁と縁が深い。

◎ DATA

住　所	（上社）福井県小浜市龍前28-7 （下社）福井県小浜市遠敷65-41
電　話	0770-56-1116
時　間	境内自由
拝観料	無料
定休日	無休
交　通	（上社）JR東小浜駅から徒歩約30分 （下社）JR東小浜駅から徒歩約10分

◉マップ

越前国一宮

衣食住の守護神で北陸道の総鎮守
氣比神宮
【けひじんぐう】

▶大鳥居をくぐり森閑とした参道を進む。

奉拝
氣比神宮
越前國一宮
令和五年一月一日

▶越前国一宮氣比神宮の御朱印。

▲本殿は本宮と呼ばれ周囲に社殿を配する。

食物神、航海神として信仰を集める

敦賀港近くの北国街道に面した森にある名神大社。古代よりこの地に伊奢（いざ）沙別命（さわけのみこと）である氣比大明神が祀られていた。食物神、航海神であり、衣食住全般の守護神である。

大鳥居は、日本三大木造鳥居のひとつとされ朱塗りの両部鳥居で重要文化財。本殿は慶長19年（1614）建造の国宝であったが先の空襲で焼失し再建。本殿は本宮と呼ばれ、周囲に東殿宮、総社宮、平殿宮、西殿宮の四社之宮が配されている。境内には摂社の角鹿神社と大神下前神社等が鎮座。祭神は伊奢沙別命の他、仲哀天皇（ちゅうあいてんのう）、神功皇后、應神天皇、日本武尊（やまとたけるのみこと）、玉妃命（たまひめのみこと）、武内宿禰の七座。

◐お祭り

<例祭>
気比の長祭りとして知られ、露天興業が軒を列ね、練山引山が出される。期間中は市内各種団体の神賑奉納行事があり北陸一帯はもとより、各府県からの参拝者も多い。9月2日に宵宮祭、3日神幸祭、4日例大祭、5日から10日は後祭、そして15日の月次祭で終わる。3日の神幸祭では御鳳輦をはじめ町内の神輿が市中を渡御する。

◎ DATA

住　所	福井県敦賀市曙町11-68
電　話	0770-22-0794
時　間	境内開門(4～9月 5時～17時・10～3月 6時～17時)
拝観料	無料
定休日	無休
交　通	JR敦賀駅から徒歩約15分

◉マップ

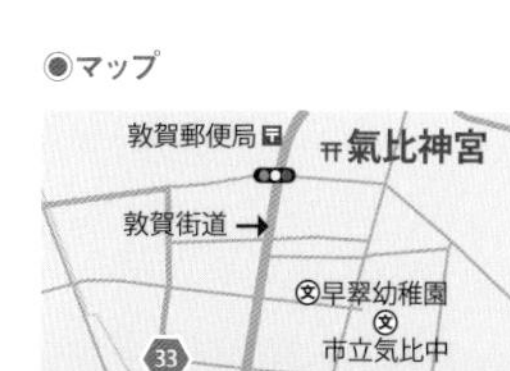

加賀国一宮

全国3000余の白山神社の総本宮

白山比咩神社【しらやまひめじんじゃ】

▶和合の神、縁結びの神を祀る社殿。

▲例大祭では「舞女」による「浦安の舞」が奉奏される。

▶鬱蒼とした森の中に続く表参道。

白山をご神体として2100年前に創建

石川・福井・岐阜の3県にわたり高く聳える白山は古来より霊山として崇められてきた。白山は麓に暮らす人々にとって聖域であり、生命の水を与えてくれる神々の座であった。この霊峰白山をご神体とするのが白山比咩神社で、全国3000社の白山神社総本宮として篤い信仰を集めている。

創建は2100年のむかし、崇神天皇7年(前91)、本宮の北にある舟岡山に神地を定めたのがはじまりと伝わる。その後、手取川の畔に変遷されるが、度重なる氾濫により霊亀2年(716)になり、「安久濤の森」に遷座した。しかし、文明12年(1480)の大火によって、40余りの堂塔伽藍がことごとく焼失し、末社三宮が鎮座していた現在地へ遷った。

泰澄によって開山された白山

白山は海抜2702mの嶮しい山で、聖域として古来より一切の入山を許さなかったが、泰澄が霊亀2年(716)に舟岡山の妙法窟に籠り「誰も登ったことのない白山に登れば、必ず霊神があるだろう。我登山して顕応を乞わん」と祈願したところ、貴女が現われて「西の川の深淵に行って結界荘厳せしめよ」といって隠れてしまった。その言に従い泰澄が深淵で修業し登頂したところ、紫雲が漂う雲の中に貴女の姿を拝し、登頂することができた。この貴女が白山妙

▲白山頂上に鎮座する奥宮。

▲開山祭・白山山頂でご来光を拝する。

▲参道沿いに堂々とした姿をみせるご神木の老杉。

▲体を清め、罪を洗い流す禊場。

理権現（白山比咩大神）で、御前峯の頂上に奥宮を祀った。

天長9年（832）に加賀、越前、美濃の三馬場を登拝の拠点とした禅定道ができて、それぞれ神宮寺が定められた。加賀馬場は白山寺、越前馬場は平泉寺、美濃馬場は長滝寺である。

和合の神・縁結びの神として崇敬を受ける

祭神は白山比咩大神、伊弉諾尊、伊弉冉尊を祀る。白山比咩大神は菊理媛神とも称され、『日本書紀』にも登場する女神の一人。黄泉の国の境界で対峙する伊弉諾尊、伊弉冉尊のふたりを仲裁するのが菊理媛尊で、菊理媛の「くくり」は「括る」にもつながり、「和合の神」「縁結びの神」としても崇敬を受けている。

◐お祭り

＜春の例大祭＞

5月6日。1年の中で一番大きなお祭りで、氏子、崇敬者の安寧を祈る。古くは国司も参列した由緒ある祭事で、菅原道真ゆかりの神饌「梅枝餅」が供えられ、舞女による「浦安の舞」が奉奏される。

＜白山夏山開山祭＞

7月1日。奥宮祈祷殿にて、登拝者の道中安全、さらに身体健全を祈る。

◎ DATA

住　所	石川県白山市三宮町二-105-1
電　話	076-272-0680
時　間	境内自由
拝観料	無料
定休日	無休
交　通	加賀一の宮バス停から徒歩約10分

◉マップ

旅館和田屋
至 鶴来駅
神主町公民館
白山比咩神社宝物館
共同研修センター
獅子吼研修塾
鶴来街道
三ノ宮
白山比咩神社
三ノ宮町公民館
荒御前神社
浄養寺
179
103

清廉な気に満ちた「入らずの森」に鎮座する 氣多大社【けたたいしゃ】

▶本殿・拝殿などの社殿は歴代の加賀藩主により寄進・造営された。

▶木々の間から差し込む光が神秘的ないらずの森。

▲心むすび祭ではキャンドルジュンによるキャンドルが灯される。

能登半島の基部に広大な社域をもつ

能登半島の基部羽咋市に約3万3000㎡の広大な社域をもつ神社で、海に向かい南面して鎮座する。社域のほとんどは鬱蒼（うっそう）とした原始林で「入らずの森」といわれ、古代から人の入れない禁足地となっていた。

氣多大社が中央の文献に初めて見えるのは『万葉集』で、天平20年（748）、その編者ともいわれる越中守大伴家持が出挙のため能登を巡行したとき、まず本社に参詣して、「之乎路から　直超え来れば羽咋の　海朝凪ぎしたり船楫もがも」と詠んでいる。

朝廷の尊崇が厚く、しばしば奉幣を受け、神階も従一位に昇っている。延喜の制では名神大社（みょうじんたいしゃ）に列して祈年の国幣にあずかった。『延喜式神名帳（えんぎしきじんみょうちょう）』によると、日本海沿岸に広く氣多の神が祀られていたことを知ることができ、古代における氣多大社の神威が偲ばれる。

加賀藩主前田家の崇敬を受ける

中世に入ると、鎌倉幕府3代将軍源実朝の公田の寄進や、能登の守護畠山氏の社領の寄進、社殿の造営などが行われ、畠山氏により再建された摂社若宮神社は、国の重要文化財に指定されている。

近世には、前田利家をはじめ加賀藩の歴代藩主の崇敬を受け、社領の寄進、社殿の造営が行われた。本殿・拝殿・神門・摂社白山神社（以上国の重要文化

▲能登の春祭りおいで祭は3月18日から6日間行われる。

▲入らずの森は国の天然記念物に指定されている。

▲12月16日の未明に行われる古くからの神事・鵜祭。

▶大晦日の深夜に行われる入らずの森に鎮座する奥宮例祭。

財)、神庫・随身門が加賀藩により造営されている。

また、国の天然記念物に指定され、奥宮が鎮座する社叢「入らずの森」も加賀藩により保護を受けていた。「入らずの森」は貴重な原始林として現在も広くその保護が訴えられている。

縁結びの神様として女性に人気

主祭神は大国主神、別名大己貴神、すなわち大黒様で、本殿に祀られる。若宮には大己貴神の子である事代主神、世にいう恵比須様を祀る。

大国主神が出雲から来臨して能登半島を平定開発し、やがてこの地に鎮祭されたと考えられる。今は、縁結びの神様として、女性にも大いに崇敬されている。

◐お祭り

<鵜祭>

12月16日未明の神事。七尾市の神門島の鵜崖で生け捕った1羽の神鵜を鵜採部が捧持して、本殿に放ち、殿内の台にとまると再び捕え、海浜に放つ。祭神の大国主神が初めて七尾市鵜浦町の鹿島に来着した時、土地の御門主比古神が鵜を捕えて献じた故事による。

◎ DATA

住所	石川県羽咋市寺家町
電話	0767-22-0602
時間	境内自由
拝観料	無料
定休日	無休
交通	JR羽咋駅からバス約10分、氣多大社前から徒歩約5分

◉マップ

越中国一宮

髙瀬神社（たかせじんじゃ）

古代越中国の中心に見事な彫刻が映える

▶緑に囲まれた境内には凛とした雰囲気が漂う。

▶随所に井波彫刻が施された社殿。大国主命を主祭神に祀る。

▶神話「因幡の白兎」由来の「なでうさぎ」。撫でることで癒しのご加護を得る。

縁結びの神様 大国主命を祀る

『延喜式神名帳』に礪波郡（となみぐん）筆頭とある。景行天皇の御代に草創、天武天皇の御代に勅使が派遣された。現在の本殿は昭和22年（1947）、拝殿はその翌年にお建替えがなされた。社殿随所に伝統工芸・井波彫刻が施されている。

主祭神は縁結び・医薬医療・開運招福等の神として崇められる大国主命（おおくにぬしのみこと）。他に天活玉命（あめのいくたまのみこと）・五十猛命（いそたけるのみこと）を祀る。また本殿の西側に位置する功霊殿（こうれいでん）は元の本殿であり、当地域より出征の護国英霊と当地方開拓の功労者6400余柱を祀る。拝殿前には病気平癒・身体健全・恋愛成就の恵みをもたらす「なでうさぎ」が配されている。

◐お祭り

＜例祭＞

髙瀬神社の恒例祭典の中でも、最も重要な祭事。9月13日は髙瀬神社の御鎮座に所縁の深い日であり、この日に例祭が斎行される。祝詞奏上の後、神前神楽浦安の舞が厳かに奉奏され、御神恩に感謝を捧げる。なお、大祭は年に5回あり、国の隆昌と世の平和を祈念し、盛大且つ厳粛裡に斎行される。

◎ DATA

住　所	富山県南砺市高瀬291
電　話	0763-82-0932
時　間	境内自由
拝観料	無料
定休日	無休
交　通	JR福野駅からタクシーで約10分

◉マップ

越中国一宮

氣多神社

【けたじんじゃ】

能登国の氣多大社を勧請

▲越中国国司・大伴家持を顕彰して祀る摂社の大伴神社。

越中國一宮
氣多神社
平成二十三年三月吉日

▶氣多大社を勧請した越中国一宮の氣多神社御朱印。

▶永禄年間に造営された雄大かつ優雅な造りの本殿。

雄大で優雅な社殿を伝える

日本海を望む有明の岡に鎮座する名神大社。養老2年（718）越中国を分割して能登国をおき、氣多大社を能登国一の宮とし、この地に勧請した。寿永2年（1183）木曾義仲挙兵による兵火にあい、再建されるが、天文年間（1532～55）の上杉謙信の兵火で再度焼失し、加賀藩主前田利常が再建している。

現在の本殿は、永禄年間（1558～1570）のこけら葺三間社流造りの雄大かつ優雅なもの。境内には、万葉の歌碑がある。祭神は大己貴命と奴奈加波比売命の夫婦神。相殿にその子事代主命と、菊理比売命を祀っている。

◐お祭り

<春季例祭>

毎年4月18日に行われ、神輿渡御の後に、中世の行道形式の古能を残す「にらみ獅子奉納の儀」が行われる。にらみ獅子は古くから伝えられている素朴な舞で、高岡市の指定無形民俗文化財に指定されている。

◎ DATA

住所	富山県高岡市伏木一宮1-10-1
電話	0766-44-1836
時間	境内自由
拝観料	無料
定休日	無休
交通	JR伏木駅から徒歩約25分

◉マップ

越中国一宮

雄山神社

【おやまじんじゃ】

日本三霊山、標高3003mの雄山頂上に鎮座する

▶雄山の頂上には立山大権現を祀る峰本社が鎮座する。

▶中宮祈願殿は、立山山麓の芦峅寺に鎮座し、立山博物館が隣接。

▲岩峅寺には里宮である前立社壇が鎮座。

峰本社・中宮祈願殿・前立社壇の三社で構成

立山連峰は、古から修験道の聖地とされてきた。縁起によれば、大宝元年（701）に、佐伯有若公の嫡男有頼少年が白鷹と黒熊に導かれて立山を開山したとの伝説が残り、そこから雄山神社の創始となった。雄山神社は、立山頂上の峰本社、芦峅寺の中宮祈願殿、岩峅寺の前立社壇からなり、3社を合わせてひとつの雄山神社となっている。

祭神は、伊邪那岐神と天手力雄神の二柱。峰本社は一宮の中でも高所に鎮座し、一番の難所とされている。江戸時代には、芦峅寺が38坊、岩峅寺が24坊の宿坊で栄え、全国からの立山信仰参拝者で賑わった。

◐お祭り

＜秋季大祭＞

前立社壇で、11月3日に行われる。境内の石舞台では立山町指定文化財(民俗芸能)である稚児舞が奉納される。稚児舞は岩峅寺の男児が舞い、岩峅寺稚児舞保存会の笛や太鼓に合わせ、「鉾の舞」「大稚児の舞」「浦安の舞」を奉納する。また、雄山神社前立社壇独自の「立山の舞」と呼ばれる巫女舞の奉納などがある。

◎ DATA

住所　(峰本社)富山県中新川郡立山町峰1
(祈願殿)富山県中新川郡立山町芦峅寺2
(前立社壇)富山県中新川郡立山町岩峅寺1

電話　(峰本社) 090-5178-1519 (夏季のみ)
(祈願殿) 076-482-1059
(前立社壇) 076-483-1148

時間　8：00～16：30

拝観料　無料(ただし立山山頂への登拝700円)

定休日　無休

交通　(峰本社)立山駅より立山ケーブルカー、美女平駅より高原バスで、立山黒部アルペンルートを通り約60分、室堂下車徒歩約2時間30分(中宮祈願殿)富山地方鉄道千垣駅から徒歩約40分(前立社壇)富山地方鉄道岩峅寺駅から徒歩約10分

◉マップ

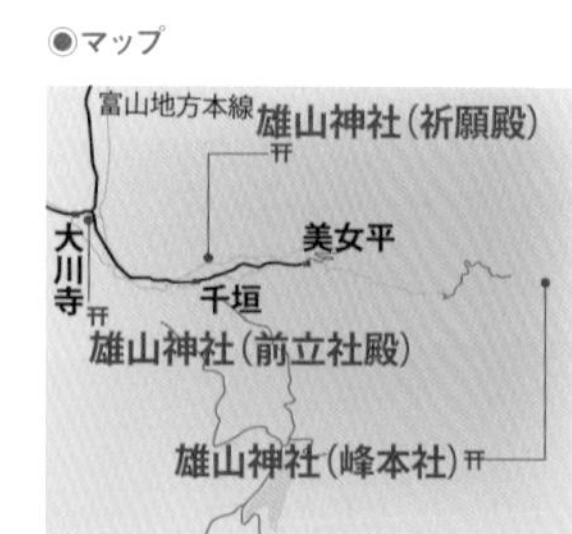

越中国一宮

射水神社

【いみずじんじゃ】

高岡城の濠もそのままの公園に建つ

▲春は桜、秋は紅葉の名所として賑わう高岡古城公園（国指定史跡）。

▲神社から約5km北にある神山「二上山」の山頂・山中に摂末社が鎮座する。

▶伊藤忠太氏の設計により造営された神明造りの社殿。

大伴家持の和歌にも詠まれる古社

高岡駅の北、加賀藩主・前田利長公が築いた高岡城の城跡を公園として開放した高岡古城公園の中心に鎮座される名神大社。

約5km北にある二上山麓に創祀され、万葉歌人・大伴家持も秀麗な山容の二上山を神の山と崇め、多くの歌を詠んでいる。

戦国期に兵火で社殿を焼失するも、皇室や武将の尊崇篤く、都度再建され、越中国一宮としての格式を保持されてきた。

明治4年（1871）県下唯一にして最高位の国幣中社となり、同8年、現在地に遷座。ご祭神は二上神で、伊勢の神宮の天照大御神の孫神である瓊瓊杵尊（ににぎのみこと）とされる。

◐お祭り

〈左義長　射水の火祭り〉

1月14日に行われる火祭り。大やぐらで古いお札やお守りなどを焚き上げる。御神火にあたると一年が無病息災と伝えられる。

<例祭>

4月23日。皇室の弥栄と国家の繁栄、国民の平穏を祈る最も重要な祭り。本社での祭典後、二上山麓の二上射水神社では古例の「築山行事」（県指定無形民俗文化財）が行われる。

◎ DATA

住　所	富山県高岡市古城1-1
電　話	0766-22-3104
時　間	境内自由
拝観料	無料
定休日	無休
交　通	JR・あいの風とやま鉄道高岡駅から徒歩約10分

◉マップ

彌彦神社

【やひこじんじゃ】

美しい山容の弥彦山に鎮座する古社

▶御本殿以下の諸殿舎は、伊東忠太の設計にて、5年の歳月をかけて大正五年（1915）に再建された。

▶木々からの木漏れ日がやさしい参道。

▲山々の緑がまぶしい境内。

祭神の天香山命は越後国を造った神様

標高634mの弥彦山の山麓に鎮座する。第10代崇神天皇の御代に創建され、『万葉集』にも詠まれている古社である。祭神は天香山命で、『古事記』には天照大神の曽孫で高倉下命という名前で登場する。高倉下命は、天孫降臨に供した後は、紀州熊野に住み、神武東征の時にフツノミタマの剣を奉じて功を挙げた。社伝によると、神武天皇即位4年（前657）に越後国開拓の詔を受け、越後国の野積の浜（弥彦山の背後）に上陸し、地元の人々に漁労や製塩、稲作、酒造などの産業を教えたと伝えられる。

このため越後国を造った神として弥彦山に祀られ、「伊夜比古神」と呼ばれて崇敬を受けた。『延喜式』神名帳には「越後国蒲原郡伊夜比古神社」と記載され、名神大社に列している。朝廷からの崇敬も篤く、鎌倉時代には、鎌倉幕府初代将軍源頼朝が、社領を寄進した。

広大な社域の中に社殿や摂末社が鎮座する

弥彦山の東麓の古杉に覆われた森林の中に鎮座する。境内は約13万2000㎡、背後の弥彦山境内林は約198万㎡という広大な社域をもつ。

一の鳥居の右手に続く神苑は巨木に覆われ、二の鳥居の奥には随神門があり、その奥に社殿が建つ。本殿は大正5年（1916）に再建されたもので、三間社流造向拝付、銅板葺きで

▲二の鳥居の奥に建つ随神門。

▶弥彦山を背景に建つ随神門。

▲高さ約6メートルの一の鳥居。

▶神様が御渡りになる玉の橋。

ある。

境内・境外の各所には天香山命の妃の熟穂屋姫命(うましほやひめのみこと)をはじめ6代の神々を祀る摂末社が鎮座し、弥彦山山頂には祭神天香山命と熟穂屋姫命の御神廟がある。家内安全・商売繁盛・交通安全・厄除けと様々なご利益があり、起死回生の神とも崇められ、多くの参拝客が訪れる。

山頂からは雄大な眺望が楽しめる

弥彦山山頂へは、ロープウェイと弥彦山の南北を結ぶ弥彦山スカイラインがあり、気軽に山頂へ行くことができる。

弥彦山山頂からは、越後平野とそこに悠々と流れる信濃川、西には日本海と佐渡島の雄大な眺めが楽しめる。

◐お祭り

＜灯籠神事＞

7月25日。この前後にも各種の儀式があって12日から26日まで祭儀が続き、25日早朝には古式に則って大御膳を献じて祭典が執行され、午後9時から神輿が村内を渡御せられる。

＜弥彦菊まつり＞

毎年11月1日から11月24日まで新潟県菊花連盟による奉納菊花展が行われ、約2500鉢に及ぶ作品が並ぶ。

◎ DATA

住所	新潟県西蒲原郡弥彦村大字弥彦2887-2
電話	0256-94-2001
時間	境内自由
拝観料	無料
定休日	無休
交通	JR弥彦駅から徒歩約10分

◉マップ

越後国一宮

居多神社【こたじんじゃ】

上杉謙信の居城近くに鎮座する縁結びの神

▶平成20年（2008）に新社殿が造営された。

▶境内にはこの辺りに上陸したという親鸞聖人の像が立つ。

▲境内にある親鸞七不思議のひとつ片葉の葦。

縁結びの神様として女性に人気

直江津駅の西、古代の港があった居多ヶ浜近く、春日山城の入口に位置する式内小社の越後一宮。越後国に流罪になった親鸞（しんらん）聖人はこのあたりに上陸して、参拝して「日の丸名号」を奉納したとあり、境内には親鸞七不思議のひとつ「片葉の芦」が見られる。

幕末の地形変動で社殿は全壊し、明治12年（1879）現在地に遷座した。明治35年（1902）の火災で焼失、平成になり新社殿が造営された。祭神は居多の神で、大己貴神（おほなむちのかみ）（大国主神（おおくにぬしのかみ））のことである。出雲より海を渡り越の国の奴奈川姫と結ばれたという。このことから縁結びの神様として有名。

お祭り

<大祭>
毎年8月の山の日。神輿が出て賑やかに渡御が行われる。また、恒例の柔道、剣道の奉納試合が屋外で開催される。

DATA

住所　新潟県上越市五智6-1-11
電話　025-543-4354
時間　境内自由
拝観料　無料
定休日　無休
交通　JR直江津駅からバス約10分、国分寺前下車徒歩約3分

マップ

佐渡国一宮

度津神社

【わたつじんじゃ】

建築、造船と航海安全の神から縁結びの神へ

▲神橋を渡り石段を登ると神門がある。

▲航海安全、交通安全にご利益がある。

▲昭和のはじめに再建された拝殿。

素盞嗚尊の子 五十猛神を祀る

佐渡ヶ島、羽茂川の清流に臨む古社。文明2年（1470）の大洪水で社殿のすべてを流失し、草創などは不詳となったが、『延喜式』の佐渡国羽茂郡第一座とある。現在の本殿は宝永6年（1709）、幣殿と拝殿は昭和12年（1937）に台湾阿里山の檜で造営された。

祭神は、五十猛神、別名大屋毘古神。素盞嗚尊の子とされ、建築、造船と航海術に優れていたことから、これらにご利益があるとされてきたが、昭和になって航海安全から、交通安全の神ともなった。さらに「つぶろさし」の神事から、最近では、縁結びの神として知られる。

◐お祭り

＜例祭＞

4月下旬に行われるもので、流鏑馬、獅子舞や「つぶさおろし」という豊作祈願の変わった妹背神楽が行われる。美人と豊満な醜女、精力絶倫男が絡み合うエロチックながら滑稽な所作が素朴である。

◎ DATA

住　所	新潟県佐渡市羽茂飯岡550-4
電　話	0259-88-2030
時　間	境内自由
拝観料	無料
定休日	無休
交　通	佐渡汽船小木港からバス約15分、一の宮入口下車徒歩約3分

◉マップ

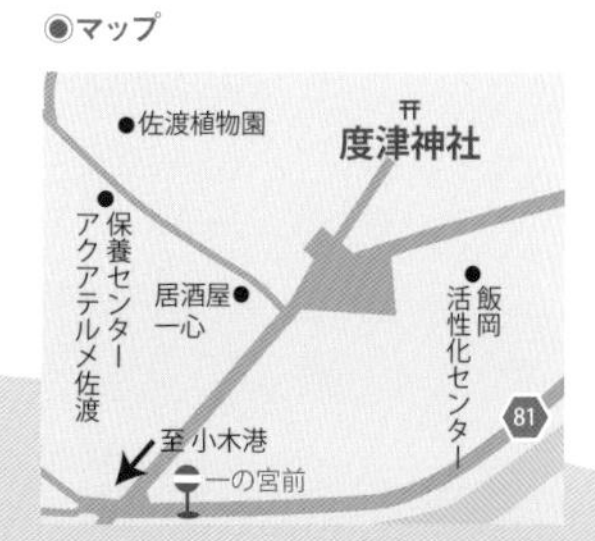

コラム

神社のご利益を知る①

～八幡様・お稲荷様・山王様～

皇室からも崇敬される八幡様、庶民の味方のお稲荷様、そして万福招来繁昌を授ける山王様を知ろう。

八幡様
【はちまんさま】

「必勝祈願」「安産祈願」「芸能上達」

八幡様を祀る神社は全国で4万4000社といわれ、日本で一番多い神社とされる。祭神の八幡様は、大和国家の天皇の中で、実在が有力視される第15代応神天皇のことで、その母・神功皇后と比売大神（ひめおおかみ）の三神を合わせて八幡三神として祀っている神社が多い。応神天皇は大陸の文化と産業を取り入れ、新しい国造りをされた天皇。ご神霊である八幡様となってからも皇室から篤く崇敬され、「国内から金が出る」という宣託を下し、奈良の大仏建立に協力、「道鏡事件」では道鏡の天皇への野望を阻止する宣託を下している。

皇室は伊勢神宮に次ぐ第2の宗廟として宇佐八幡を崇敬した。八幡様は武運の神「弓矢八幡」として清和源氏が氏神とした。清和源氏の勢力を拡大した源頼義、義家父子は東北遠征に際して関東に八幡宮を創建、源頼朝も鎌倉に鶴岡八幡宮を勧請している。武神らしく必勝祈願にご神徳があり、神功皇后は安産の神、比売大神は学問や芸術の神として名高い。

お稲荷様
【おいなりさま】

「五穀豊穣」「商売繁盛」「家内安全」

お稲荷様は、全国で約3万社を越える、最も身近な神社のひとつ。稲荷神社の主祭神は、宇迦之御魂大神（うかのみたまのおおかみ）を中心とする稲荷大神。稲荷大神の「イナリ」とは「イネナリ・イネニナル」を語源とし、天地の霊徳を稲に象徴した古語とされ、五穀豊穣を守護する農耕神である。お稲荷様につきものの狐は、そのものが神様ではなく、神様のお使いをする霊獣で神使や眷属などと呼ばれる。農事のはじまる初午の頃から収穫の秋の時期まで人里に姿をみせる狐の行動が、神道の原形である「田の神・山の神」が現れる時期と重なることから、お稲荷様の神使とされたとの説もある。

時代とともに農業だけでなく商業も盛んになると、稲荷大神のご神徳も農耕神から殖産興業神・商業神・屋敷神へと拡大していった。幅広い願いを聞き入れてくれる稲荷大神は人気を集め、その分霊を身近に祀りたいと思った人々が増え、江戸中期には全国津々浦々まで信仰が浸透していった。

山王様
【さんのうさま】

「方除け」「夫婦円満」「子孫繁栄」

比叡山の東麓に鎮座する日吉大社。日吉は「ひよし」「ひえ」とも読み「日良い」の意味をもつ。日吉・日枝・山王・八王子神社などの名で全国に3800余りの分霊社がある。日吉の神は「山王さん」（山王権現）の名で親しまれ、日吉大社に祀られる神様の総称。山王さんは、猿を神使とするため「神猿（まさる）」が「魔去る」「勝る」に通じることから、万福招来繁昌を授ける神様とされる。

祭神は、大山咋神（おおやまくいのかみ・日吉大社東本宮の祭神）と大己貴神（おおなむち・日吉大社西本宮の祭神）の二神。大山咋神の「くい」は「杭」のことで大山に杭を打つ神、すなわち大きな山の所有者の神で、古くからの比叡山の地主神である。大己貴神は、三輪山をご神体とする奈良の大神神社から迎え入れられた神様で、大国主神と同神、「大国」が「ダイコク」と読めることから大黒様としても民衆に信仰されている。大山咋神は山を支配する神、大己貴神は国家を支配する神とされる。

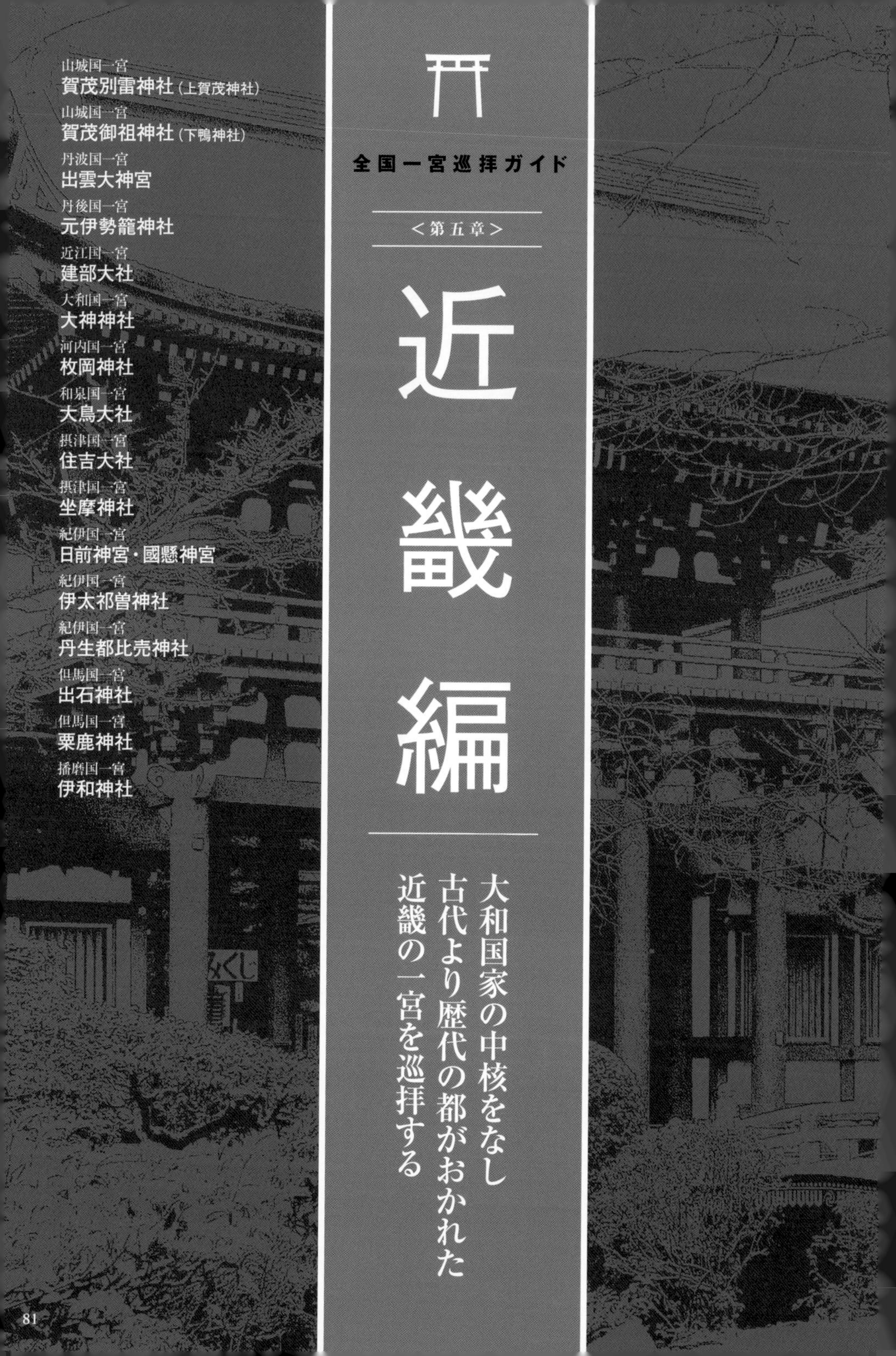

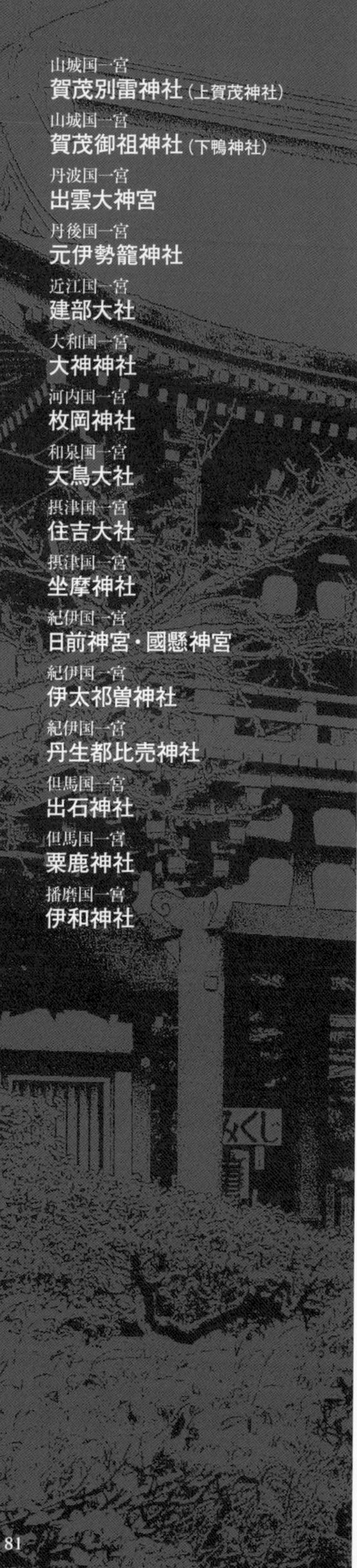

山城国一宮
賀茂別雷神社（上賀茂神社）
山城国一宮
賀茂御祖神社（下鴨神社）
丹波国一宮
出雲大神宮
丹後国一宮
元伊勢籠神社
近江国一宮
建部大社
大和国一宮
大神神社
河内国一宮
枚岡神社
和泉国一宮
大鳥大社
摂津国一宮
住吉大社
摂津国一宮
坐摩神社
紀伊国一宮
日前神宮・國懸神宮
紀伊国一宮
伊太祁曽神社
紀伊国一宮
丹生都比売神社
但馬国一宮
出石神社
但馬国一宮
粟鹿神社
播磨国一宮
伊和神社

全国一宮巡拝ガイド

＜第五章＞

近畿編

大和国家の中核をなし
古代より歴代の都がおかれた
近畿の一宮を巡拝する

山城国一宮

壮麗な風格をもつ社殿を有する 賀茂別雷神社（上賀茂神社）

【かもわけいかづちじんじゃ（かみがもじんじゃ）】

▶細殿の小川を渡ると朱の色が鮮やかな楼門が建つ。

▶境内には清らかなならの小川が流れる。

▲神社の北北西に聳える神山

古代氏族・賀茂氏がその氏神を祀る

一般に上賀茂神社、下鴨神社というが、それぞれ「賀茂別雷神社」「賀茂御祖神社」が正式名である。この賀茂の地は、古くから古代豪族・賀茂氏の勢力範囲であったとされている。賀茂氏の祖・賀茂建角身命は、八咫烏と化して神武天皇を先導したとされる。賀茂氏は、大和葛城山麓の高鴨神社のあたりを本拠としていたが、後に山城国賀茂に移り、平安京遷都以前からこのあたりを支配した。

賀茂別雷神社の祭神は賀茂別雷神で賀茂氏の氏神である。賀茂建角身命の娘玉依比売が生んだ神で、一度天に上った後に神社の北北西に聳える神山に降臨し、賀茂別雷神社が営まれた。現在の社殿の礎が造営されたのは天武天皇6年(677)というが、延暦13年(794)に平安京に都が移されると桓武天皇が行幸され、以降歴代天皇の行幸奉幣祈願が60回以上におよぶなど朝廷の崇敬が篤く、国家安泰の祈願社とされた。

国宝の本殿・権殿の他、40を越える重文建築

境内は約76万㎡の広さで森厳な雰囲気に包まれている。一の鳥居から入り、二の鳥居をくぐると、ご神体山の神山を象ったといわれる円錐形の立砂が目に入る。その先にある本殿・権殿（ともに国宝）は三間社流造、檜皮葺きで壮麗な風格をもつ。本殿と権殿は同一の大きさで二棟並び、屋根の一方が長く伸び

▲ご神体山の神山を象ったといわれる円錐形の立砂が目を引く。

▲山城国一宮の賀茂別雷神社（上賀茂神社）の御朱印。

▲雪景色の楼門も美しい。

▶境内には片岡社、須波社、岩本社などの摂社・末社が鎮座する。

ている流造の形をとる。

本殿の他に41棟の重文指定の諸殿がある。これらは江戸時代のはじめ寛永5年（1628）以降の造替だが、式年遷宮の制度により、平安時代からの様式を今に伝えている。

厄を祓いあらゆる災難を除く守護神

境内には清流の「ならの小川」が流れる。その流れの清らかさが上賀茂の神域一帯をさらに聖地化している。

ご利益は雷の如く強いご神威により、厄を祓いあらゆる災難を除く厄除明神、落雷除、電気産業の守護神として広く信仰されている。また、「ならの小川」をはじめ、この辺りはよくテレビや映画の時代劇のロケなどで使われる。

◐お祭り

＜賀茂競馬＞

5月5日。堀河天皇の寛治7年(1093)にはじまった。早朝より頓宮遷御、菖蒲の根合せなどが行われる。乗尻は左右に分れ、左方は打毬楽、右方は狛鉾の舞楽装束を着け、馬に乗って社頭に参進する。勧盃、日形乗、月形乗、修祓、奉幣の儀を行い、次いで馬場に出て順次競馳を行う迫力ある神事。

◎ DATA

住　所	京都府京都市北区上賀茂本山339
電　話	075-781-0011
時　間	境内自由（二ノ鳥居5:30～17:00、楼門8:00～）
拝観料	無料（特別参拝500円）
定休日	無休
交　通	JR京都駅からバス約40分、市バス上賀茂神社前下車徒歩すぐ

◉マップ

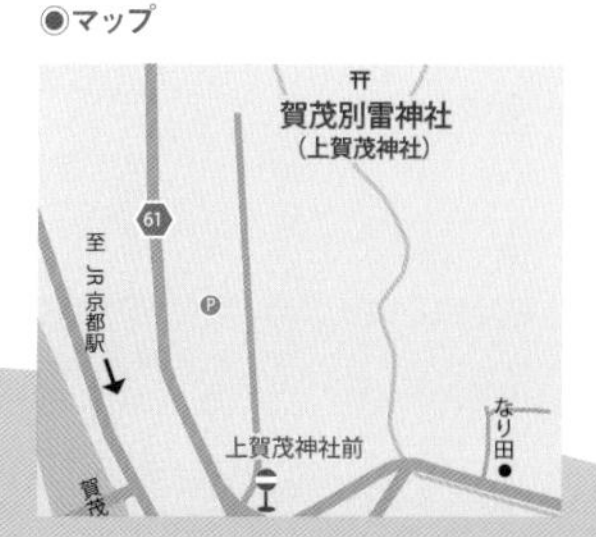

山城国一宮

賀茂御祖神社（下鴨神社）

【かもみおやじんじゃ】

貴重な原生林に鎮座する最古級の神社

▶鮮やかな朱塗りの楼門を潜ると本殿などの社殿がある。

▶本殿奥の右手にある御手洗社では水にゆかりの神事が行われる。

▲糺の森には瀬見の小川や奈良の小川が流れる。

賀茂別雷神社と並ぶ京の守護神

一般には下鴨神社と呼ばれ、賀茂別雷神社とともに「賀茂社」として信仰された。賀茂別雷神社（上賀茂神社）の祭神・賀茂別雷神の祖父に当たる賀茂建角身命と母の玉依媛命をそれぞれ西殿と東殿に祀る。賀茂建角身命は古代の京都を開かれた神様で、京都の守護神として崇められている。平安京が造営されるにあたり、先ず賀茂御祖神社（下鴨神社）に先頭成功の祈願が行われたという。

奈良時代以前から著名な祭祀を行う

崇神天皇の7年（前90）に神社の瑞垣の修造が行われたという記録があり、それ以前の古い時代から既に祭祀が行われていたと考えられる。『続日本紀』の文武天皇2年（698）には、葵祭の見物人を警備せよとの命令が出されたという記事があり、奈良時代には大きな社殿が建ち、盛大なお祭が行われていたことがわかる。

平安時代には、国家と皇室の守護神として特別の信仰を受け、式年遷宮や斎王の制度などが定められた。平安時代末期になると全国に60余箇所もの荘園が寄進され隆盛を極めた。鎌倉時代、室町時代、そして戦国の世になっていくにつれ、国民の信仰が神社を支えていくようになり、国の重要な出来事には必ず祈願が行われた。江戸時代に入っても国と国民の安泰を祈る神社として幕府より寄進が行われた。

▶貴重な原生林・糺の森には老木が天に向かい聳える。

▶末社の相生社は縁結びにご利益があると女性に人気。

▶拝殿の奥の三間社流造りの東西二棟の本殿は国宝に指定されている。

▶山城国一宮賀茂御祖神社（下鴨神社）の御朱印。

三間流造りの本殿は国宝に指定される

東西二棟の本殿（国宝）は、三間社流造り、檜皮葺きの落ち着いた重みを感じさせる社殿。同じ大きさの社殿を繋いでいるところは賀茂別雷神社（上賀茂神社）と同様の形式をもつ。その姿は流造りの代表として知られ、平安初期の面影をよく伝えている。他に31棟の重文指定の社殿がある。

本殿の右手の奥には御手洗社がある。澄みきった水辺に社殿が倒影し、ここで夏越祓など水にゆかりの古式が執り行われる。また、神域を取り巻く森は「糺ノ森」と呼ばれる静かな森。開発の進む京都市内で貴重な原生林を残している。

◐お祭り

＜葵祭＞

5月15日に行われる、上賀茂、下鴨神社の祭りで正式には「賀茂祭」という。花を飾った牛車が行き、その前後を美しい装束の殿上人や供人が歩む王朝絵巻として知られている。行列は御所を出発し、下鴨神社から上賀茂神社へと進む。毎年選ばれた斎王代の十二単姿も人気。

◎ DATA

住　所	京都府京都市左京区下鴨泉川町59
電　話	075-781-0010
時　間	境内自由
拝観料	無料
定休日	無休
交　通	JR京都駅からバス約20分、下鴨神社前から徒歩すぐ

◉マップ

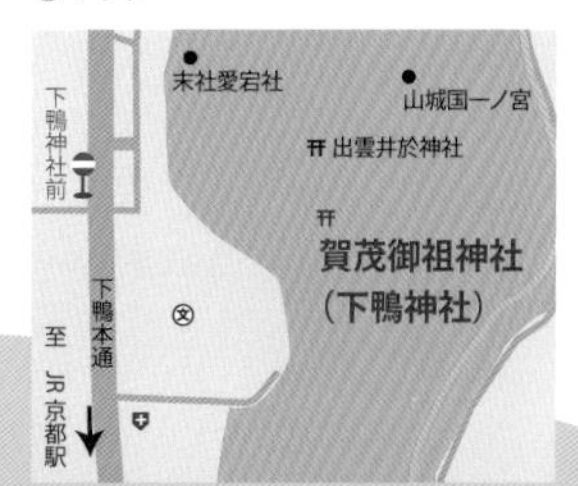

丹波国一宮

出雲大神宮【いずもだいじんぐう】

生命の山、千年山に鎮座する古社

▲社殿は足利尊氏により改修されたと伝わり国の重要文化財に指定。

▶正面鳥居の向こうに本殿をはじめとする社殿が建つ。

▲小豆粥で一年の稲作の不況を占う珍しい神事・粥占祭（よねうらさい）

背後に聳える千年山をご神体とする

社伝によると崇神天皇の時代に再建されたという。崇神天皇は紀元前97～30年の在位であるから、その創建はさらに遥かな歴史を遡ることとなる。

出雲大神宮の背後に神体山である千年山・御蔭山があり、この山に神が降臨したと伝わり、明らかに古代の信仰形態を表している。千年山は今も豊かな湧水を出す山で、古代においては人々の生命の山であったろう。

元出雲と称される歴史ある社

『丹波国風土記』によると「和同年中（708～715）に、大国主命御一柱のみを島根の杵築の地に遷す。すなわち今の出雲大社はこれなり」という記述がある。出雲大神宮の付近を元出雲と称する。丹波国は大和国と出雲国の両勢力の接点であるため、国譲り所由により祀られたとも考えられる。

このことから『日本書紀』の崇神天皇60年（前38）に出てくる出雲大神の宮というのは、島根県の出雲大社ではなく、亀岡の出雲大神宮を指すと考えるのが自然ともされる。

島根県の出雲大社は大国主命の慰霊の社であり、60年ごとに建て替えられる式年遷宮の際、竣功となると神火は丹波より来るということが信じられている。

国史の初見は『日本紀略』の弘仁8年（818）12月16日の条に「丹波国桑田

▲背後にある千年山をご神体とする神社。

▶崇神天皇の時代に創建されたと伝わる古社。

▲古代の神が降臨した磐座を祀る摂社・春日社。

▲ご神水の真名井の水は名水として知られている。

郡出雲社、名神に預る」という記述があり、この時代にはすでに有力な神社になっていたことがわかる。中世になると吉田兼好も『徒然草』で「丹波に出雲と云う処あり」と出雲大神宮のことを述べている。

明治になり神社制度により、大国主神・三穂津姫の二座が祭神に定められた。

ご神水の「真名井の水」は名水として有名

現在の社殿は足利尊氏により改修されたものと伝わり、国の重要文化財に指定されている。

また、神社右手の境内のマグマの接触変成岩層から湧き出ている「真名井の水」は名水として知られ、ご神水として崇められてきた。

◐お祭り

＜秋祭＞

8月18日。出雲さんの秋祭りとして地元の人々に親しまれている。夜店の露天が出店され、奉納演奏も行われる。

＜例祭＞

10月21日。社殿創建が和銅2年の10月21日と伝えられており、この日を以って例祭斎行の日としている。氏子崇敬者が祭典に参列して厳かに行われる。

◎ DATA

住所	京都府亀岡市千歳町出雲無番地
電話	0771-24-7799
時間	境内自由
拝観料	無料
定休日	無休
交通	JR亀岡駅からバス12分、出雲神社前下車、徒歩すぐ

◉マップ

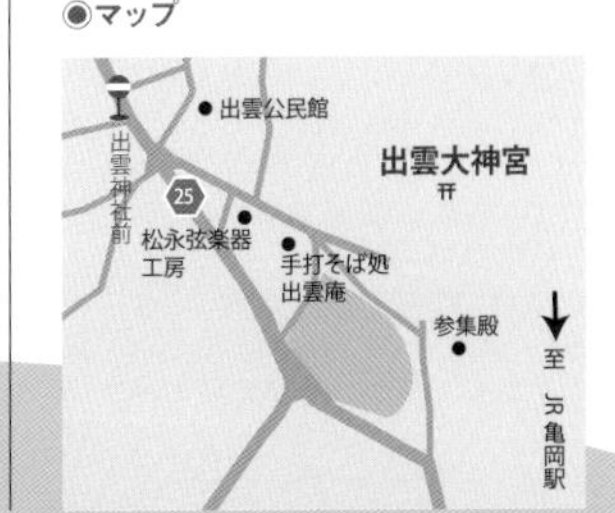

丹後国一宮

元伊勢籠神社

【もといせこのじんじゃ】

天橋立を望む伊勢神宮の元宮

▶2500年の歴史をもつといわれる例祭の葵祭。

▶社殿は伊勢神宮と同じ様式の神明造。

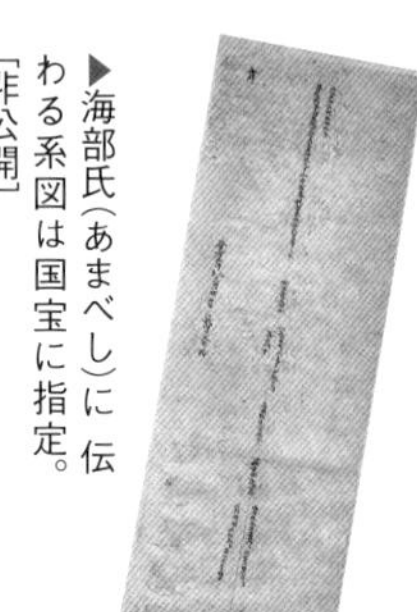

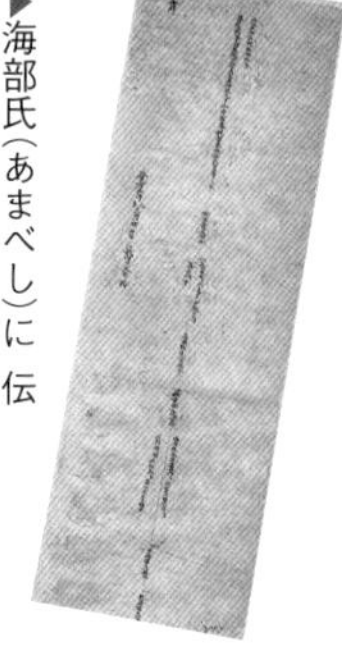

▶海部氏（あまべし）に伝わる系図は国宝に指定。［非公開］

産業の守護神として崇敬を集める

日本三景のひとつ天橋立の北浜に鎮座する籠神社は丹後国一宮に列し、元伊勢としても知られる古社。元伊勢とは、天照大神・豊受大神が伊勢の神宮に鎮座される以前に祀られていたお社をいう。

神代の昔、奥宮真名井神社の地に豊受大神がお祀りされ、崇神天皇の御代に天照大神が遷り、4年間一緒にお祀りされた。奈良時代の養老3年（719）に本宮を奥宮の地より遷し、主祭神を彦火明命とし、相殿に天照大神、豊受大神を祀っている。本殿は神明造で高欄上には伊勢神宮と籠神社のみといわれる五色の座玉を見ることができる。

◐お祭り

＜葵祭＞

4月24日に行われる例祭で2500年の歴史をもつという。冠に藤の花を挿して巡幸することから欽明朝以前は藤祭りと呼ばれていた。祭の要となるのは御祭神の神霊をお遷しした神輿による御神幸で、御祭神の再誕を示す御生れの神事である。神幸の道中や祭典の前後に繰り広げられる典雅勇壮な太刀振りや神楽などの奉納神事も行われる。

◎ DATA

住所	京都府宮津市大垣430
電話	0772-27-0006
時間	7:30 ～ 16:30（土日祝や季節により延長の場合あり）
拝観料	無料
定休日	無休
交通	京都丹後鉄道天橋立駅からバス約20分、元伊勢籠神社前下車すぐ。

◉マップ

つるや食堂
元伊勢籠神社
まるよし
178
牧野商店
至天橋立駅
旅館松風荘
ワダカンコー
元伊勢籠神社前
旅館坂元家

近江国一宮

建部大社

【たけべたいしゃ】

日本武尊と源頼朝ゆかりの神社

◀日本武尊を祀る近江国一宮の建部大社の御朱印。

▲重文に指定される平安時代作の女神像を所蔵する。

▶1万坪にもおよぶ境内には本殿をはじめとした諸殿が並ぶ。

1万坪の広大な敷地を有する

近江の名勝、瀬田の唐橋近くにある名神大社。景行天皇46年（116）に日本武尊（やまとたけるのみこと）の神霊を祀ったのを草創とし、天武天皇４年（676）に現在地に移したとされている。永暦元年（1160）、源頼朝が参篭したと『平家物語』には記されている。頼朝は、建久元年（1190）には源氏再興を果たして上洛の際にも立ち寄って感謝をささげている。

約1万坪の敷地内に建つ本殿に日本武尊、相殿には天照皇大神（あまてらすすめおおかみ）、権殿に大己貴神（おほなむちのかみ）を祭神として祀っている。社宝として、木造女神坐像、附小女神坐像３体が重要文化財に指定されている。

◐お祭り

＜船幸祭＞

大津三大祭のひとつ。８月１日のさかき立て、７日の納涼祭、15日からの献燈祭、16日の宵宮を経て、８月17日に本祭を迎える。船幸祭は、８月17日に行われ、日本武尊の船での東征を模した船の渡御が華やかに行われる。神輿が出て、沿道には露店も多く大変な賑わいをみせる。

◎ DATA

住　所	滋賀県大津市神領1-16-1
電　話	077-545-0038
時　間	境内自由
拝観料	無料
定休日	無休
交　通	JR石山駅から徒歩約20分

◉マップ

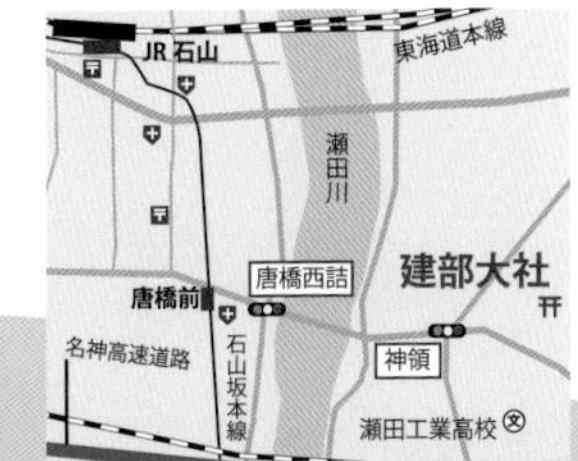

大和国一宮

大神神社

【おおみわじんじゃ】

三輪山をご神体として原始の神道を伝える

▲ご神体である神奈備・三輪山を遥拝する拝殿。

▶拝殿とその近くに聳える巳の神杉。

▲日本最古の歴史ある神社の存在感ある大鳥居。

信仰の山・三輪山をご神体とする

奈良県北部・奈良盆地の東南部に位置する標高467・1mの美しい円錐形の山・三輪山（みわやま）そのものをご神体とする神社。今日でも本殿を持たず、拝殿から三輪山自体をご神体として仰ぎみる原始神道の形態を残している。三輪山は縄文時代あるいは弥生時代から自然崇拝を行う原始信仰の対象であったと考えられ、山中には数多くの巨石遺構、祭祀遺跡が残る。

江戸時代以前は、禁足の山として厳しい入山規制が敷かれていたが、現在は「入山の心得」を遵守すれば登拝が可能。但し、飲食・写真撮影などは一切禁止で午後4時までに下山報告しなければならないという決まりがある。

大国主神の和魂・大物主神を祀る

大神神社の主祭神は大物主大神（おおものぬしのおおかみ）で大己貴神（おおなむちのかみ）（大国主神）と少彦名神（すくなひこなのかみ）を配祀する。『日本書紀』に以下のような記述がある。大己貴神は少彦名神とともに国造りを行っていたところ、少彦名神は国造りなかばで常世に遷ってしまった。

大国主神が「これからどのようにして国造りを行えばよいのか」といったところ、海原を照らして神が現れた。その神は大国主の幸魂（さきみたま）・奇魂（くしみたま）（和魂（にぎみたま）・神のもつ優しい側面）であり、三輪山に祀れば国造りに協力するといった。この神こそ、三輪山に鎮まる大物主大神である。

▲二の鳥居を潜ると鬱蒼とした木々に包まれた境内へ入る。

▲根元に穴が空いている巳の神杉。この穴に神の化身の蛇が棲むという。

▲摂社の狭井神社には本社の荒魂をお祀りしている。

▲大神神社のご神体・三輪山。山中には多くの磐座が点在する。

朝野に広く信仰を集める神社

崇神天皇7年（前91）に疫病がはやり三輪氏の祖である大田田根子に大物主神を祀らせた。その後は朝廷から深く崇敬され、『延喜式神名帳』では名神大社に列した。摂社の檜原神社は、天照大神をはじめて宮中の外に祀った地と伝えられ、元伊勢のひとつに数えられることからも、皇室との篤い関係が伺える。

拝殿と禁足地の間には3つの明神形鳥居を一つに組み合わせた古い形式を伝える三輪鳥居（国重文）があり、ここが人と神との境となっている。主祭神の大物主神は、五穀豊穣、疫病除け、酒造り（醸造）などの神として崇敬を受ける。

◐お祭り

＜繞道祭＞

1月1日の午前1時から行なわれる。古式により錐出したご神火を大松明に移し、三輪山麓の神々の社19社をめぐる壮大な火の祭典。

＜醸造安全祈願祭（酒まつり）＞

毎年11月14日午前10時30分から行なわれる。新酒の仕込みの季節を迎え、醸造の祖神と仰ぐ大神様に醸造安全を祈願。

◎ DATA

住　所	奈良県桜井市三輪1422
電　話	0744-42-6633
時　間	境内自由（社務所は9時～17時）
拝観料	無料
定休日	無休
交　通	JR三輪駅から徒歩約5分

◉マップ

河内国一宮

中臣一族の祖先神を祭神とする 枚岡神社

【ひらおかじんじゃ】

▶社殿は枚岡造りといわれる特殊な様式。

▲注連縄掛神事(お笑い神事)は新しく掛け替えた注連縄を通して神職、参列者が一同に笑う。

▲氏子区域より大小23台の太鼓台が宮入する秋郷祭太鼓台宮入風景。

古代信仰の聖地 生駒連邦に鎮座

大阪と奈良を隔てる生駒連峰の一つ枚岡山の麓に建つ名神大社。生駒連峰は古代より信仰の地として多くの霊地をもつが、神武東征の際、天種子命が神津嶽に祀ったものを、白雉元年(650)に中臣氏の一族の平岡氏が現在地に奉遷した。しばしば火災に遭うも、そのたびに再建を果たし、慶長7年(1602)、豊臣秀頼も修復している。

現在の社殿は文政9年(1826)の再建で、桧皮葺、極彩色の枚岡造りという特殊な構造。

祭神は、主祭神の天児屋根命をはじめ、比売御神、武甕槌命、経津主命(斎主命)の四柱を祀る。

◐お祭り

<粥占祭>

1月15日に行われる古来より伝わる神事。斎火を熾し小豆粥を炊く際、中に53本の占竹を束にしたものを入れて炊き上げ、入った粥の量で農作物の豊凶を占う。途中12 本の占木を火にくべ、焦げ具合で年間の天候も同時に占う。神事後には、占いの結果を記した占記(おきあげ)が授与される。大阪府の無形民俗文化財に指定されている。

◎ DATA

住　所	大阪府東大阪市出雲井町7-16
電　話	072 - 981-4177
時　間	境内自由
拝観料	無料
定休日	無休
交　通	近鉄奈良線枚岡駅から徒歩約3分

◉マップ

和泉国一宮

大鳥大社

【おおとりたいしゃ】

日本の英雄・日本武尊を祀る

▲未曾有の災害に対し、月ごとに季節の花を捧げる御朱印。

▲平安時代に厄病・災厄除けを祈願して始まった花摘祭。

▲社殿は切妻妻入りの大鳥造りという形式。

一万五千坪の境内は「千種の杜」に鎮まる

泉州（大阪南部）の総氏神となる和泉國一之宮。延長5年（927）に完成した『延喜式』神名帳に所載され、霊験特に著しいと言われる明神大社。

1900年前、日本武尊の死を皆が嘆き悲しんでいると、御霊が白鳥となり陵から飛び立ち、大和の琴弾原、河内の国の古市に舞い降り、最後に降り立った当所に社を建て日本武尊をお祀りしたのが始まりという。

白鳥が舞い降りた際に一夜にして樹木が生い茂ったという伝説があり、神域を「千種の杜」という。もう一柱は、天児屋根命を祖先とする大鳥連祖神を祀る。

◐お祭り

<花摘祭>
平安時代の無病祈願から始まった行事。平安装束の花摘女の行列や、稚児行列、神輿の巡幸などが、四月の第3土曜日に行われる。

<鳳だんじり祭>
10月の第一金曜・土曜・日曜に行われる。泉州のだんじり祭の中でも多くの観客が訪れ、境内にはたくさんの夜店が出る。

◎DATA

住所	大阪府堺市西区鳳北町1-1-2
電話	072-262-0040
時間	6:00 ～ 18:00 （授与所は9:00 ～ 16:30）
拝観料	無料
定休日	無休
交通	JR鳳駅から徒歩約10分

◉マップ

住吉大社
【すみよしたいしゃ】

全国2300社の住吉神社の総本社

▶朱色が鮮やかな本殿は住吉造と呼ばれる形式。

▶夏祭では華麗に着飾った夏越女・稚児らが茅の輪を潜る儀式が行なわれる。

▲古い様式を残す四角柱の角鳥居。

神功皇后の新羅征伐の時に創建

第14代仲哀天皇の皇后である神功皇后が新羅出兵から海路帰京の折り、自分の皇子（後の第15代応神天皇）の異母兄である香坂皇子・忍熊皇子の反乱がおこった。

皇后の率いる船団が瀬戸内海をさまよい、務古水門（現武庫川）に至って皇后が占ったところ、底筒男命・中筒男命・表筒男命の三柱の住吉の大神が現れた。三神は「わが魂を大津の渟中倉の長峡（現大阪市住吉区）に祀りなさい。そこで往来する船の安全を見守ることにしよう」といわれた。皇后が神の教えの通りに大神を鎮座したところ、無事に畿内に帰京できた。これが、住吉大社の創建の由緒で神功皇后摂政11年（211）といわれている。

住吉三神と神功皇后を祀る

祭神は底筒男命・中筒男命・表筒男命の三柱と神功皇后。住吉三神は、伊邪那岐命が黄泉国（幽界）から妻の伊邪那美命を連れ戻すことができず穢れを受けてしまい、清めるために海に入って禊祓したときに生まれた神。

境内の一番奥の第一本宮に底筒男命を祀るが、第一本宮と摂社若宮八幡宮の間にある石の玉垣に囲まれた「五所御前」（杉の樹は、神功皇后がこの場所こそ大神の思し召しにかなったところとして社地を定めたといわれ高天原とも呼ばれている。第二本

▶本宮は三殿縦列・二殿並列という独特の配置。

▲海の守護神摂津国一宮住吉大社の御朱印。

▲住吉大社の象徴として知られる反橋は太鼓橋とも呼ばれる。

▶5月に行われる卯之葉神事では古式ゆかしい舞楽が奉納される。

宮は中筒男命、第三本宮は表筒男命がそれぞれ独立して祀られ、第三本宮の右の第四本宮に「われ住吉の大神とともに相住まむ」といわれた神功皇后が祀られている。

神道で重要な祓えを司る神

住吉大社の四本殿は日本の神社建築史上最古の住吉造と呼ばれる。檜皮葺（ひわだふ）き切妻造りの妻入りで、回廊と心御柱はなく、内部は内陣・外陣に区切られる。古い建築様式をよく伝えているといわれる。

住吉大神は禊祓（みそぎはらえ）で出現され、住吉祭が「おはらい」と呼ばれるほど、神道で最も大事な祓えを司る神である。また、航海安全・和歌の神としても崇敬されている。

◐お祭り

<住青祭(夏祭)「おはらい」>

住吉大社はお祓いの神さまであり、住吉大社夏祭は別名「おはらい」といわれている。神輿洗神事からはじまり、住吉大社での夏越祓神事、堺への神輿渡御まで、大規模な範囲で神事が行なわれる。

◎ DATA

住所	大阪府大阪市住吉区住吉2-9-89
電話	06-6672-0753
時間	6:00 ～ 17:00（10 ～3月は6:30 ～）
拝観料	無料
定休日	無休
交通	南海住吉大社駅から徒歩約3分

◉マップ

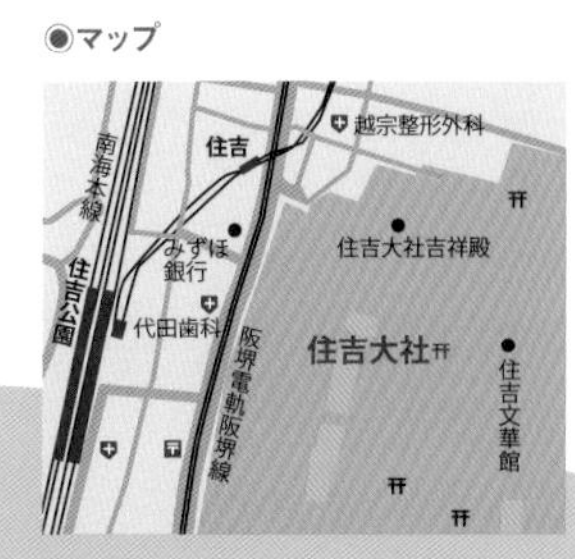

坐摩神社

【いかすりじんじゃ】

古来より皇居を守護する全国有数の古社

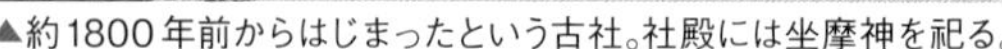

▲約1800年前からはじまったという古社。社殿には坐摩神を祀る。

▶境内末社として鎮座する陶器商の守護神・陶器神社。

▶今は数少ない陶器人形。瀬戸物で飾られている。

神功皇后による奉祀が起源

創建に関しては諸説あるが、社伝によると約1800年前、神功皇后が新羅より御帰還の折、淀川南岸の大江・田蓑島、すなわち後の渡辺の地（現在の天満橋の西方、石町附近）に坐摩神を奉祀したのを起源とする。

平安時代の『延喜式』には、摂津国西成郡唯一の大社と記され、天慶2年（939）以来祈雨の11社に列し、度々雨乞いの祈祷・奉幣に預かっていることから、朝廷と深い関係にあった神社とされる。

天正10年（1582）豊臣秀吉が大坂築城の際、替地を命ぜられ寛永年間現在地に遷座した。現在の鎮座地名が渡辺というのは、元の地名が移されたもの。全国の渡辺姓の発祥の地でもある。旧社地と伝えられる石町には、神功皇后が休息されたと伝えられる鎮座石が今も残り、行宮が鎮座している。

宮域を守護する坐摩神を祀る

祭神は生井神、福井神、綱長井神、波比岐神、阿須波神の5柱を祀り、総称して坐摩神と呼んでいる。坐摩神は『古語拾遺』などによると、神武天皇が即位された時に、ご神勅により宮中に奉斎されたとされ、坐摩の語源は諸説あるが、土地又は居住地を守り給う意味の「居所知」が転じた名称といわれている。

また、坐摩神社が鎮座する摂津国には、同じく神功皇后ご創建の由来をもつ

▲珍しい三つ鳥居。

▶4月22日の例祭(別名献花祭)。

▲7月下旬～8月下旬にかけて咲くサギ草。ご神紋に因んで。

▲夏越大祓の茅の輪くぐり、大勢で賑わう。

住吉大社があり、どちらも摂津国一宮として崇敬が厚い。

住居守護・旅行安全・安産守護の神

坐摩神は古くから皇居を守護する神であるから、居住地を守る住居守護の神、また旅路を守る旅行安全の神、安産守護の神として広く信仰を集めている。

旅行安全の神としては『万葉集』に「にはなかの　阿須波のかみに　こしばさし　あれはいははむ　かへりくまでに」という旅先の安全を祈った防人(さきもり)の歌が残されている。

安産守護は、神功皇后が応神天皇の御安産を当社に御祈願になり、近くは明治天皇がお生まれになる時に宮中より御祈願があった故事による。

◐お祭り

<鎮魂祭>

2月の節分当日に執り行われる特殊神事。自らの魂を常に安定せしめ離れないように、また日々の安らぎを神様に祈念する神事。

<夏越大祓・師走大祓>

6月30日・12月31日に行う大祓。半年に一度日々の生活において知らないうちに犯してしまう罪穢れを祓い清める伝統的神事。夏越大祓では境内に大きな茅の輪ができ、「茅の輪くぐり」をして延命長寿を祈念する。

◎ DATA

住　所	大阪市中央区久太郎町4丁目渡辺3
電　話	06-6251-4792
時　間	9：00～17：30(土日は～17：00)
拝観料	無料
定休日	無休
交　通	大阪メトロ本町駅15番出口から徒歩3分

◉マップ

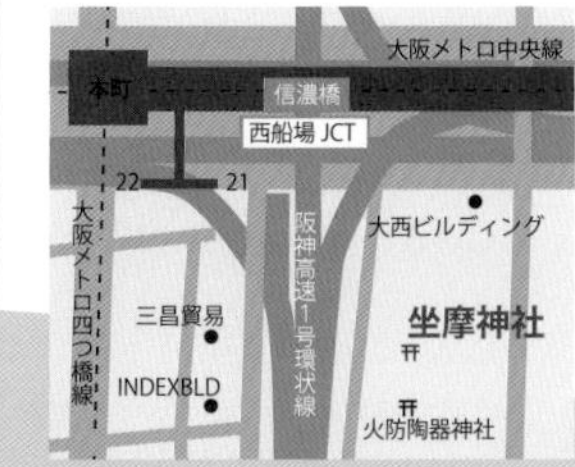

紀伊国一宮

日前神宮・國懸神宮

【ひのくまじんぐう・くにかかすじんぐう】

天岩戸の伝承から生まれた2社

▶大正末期に完成した国懸神宮の本殿。

▶日前大神が祀られる日前神宮の本殿。

▲森閑とした鎮守の森に包まれた日前神宮。

にちぜんぐうさんと呼ばれる古社

同じ境内に2つ並んだ古社。西側に日前神宮、東側に國懸神宮が建つ。天岩戸伝説で天照大神を誘い出すために作られたのが、日像鏡（日前大神）と日矛鏡（國懸大神）とされる。両社がそれぞれをご神体としている。

社殿は、戦国時代に荒廃したが、紀州藩主の徳川頼宣により再興された。大正時代に官幣大社となって改修工事にかかり、大正15年（1926）に完成している。祭神はそれぞれ、日前大神と國懸大神である。相殿には、相殿神として、思兼命、石凝姥命（日前神宮）と、玉祖命、明立天御影命、鈿女命（國懸神宮）が祀られている。

◐お祭り

＜例大祭＞

9月26日に行われる神武朝以来続けられているという我が国最古の祭りのひとつ。海の幸や山の幸、農産物を11の三方に盛って神前に供え、祭神に感謝し、五穀豊穣や国家安泰を祈願する。

◎ DATA

住　所	和歌山県和歌山市秋月365
電　話	073-471-3730
時　間	8：00 ～ 17：00 (最終入場16:40)
拝観料	無料
定休日	無休
交　通	わかやま電鉄日前駅から 徒歩約2分

◉マップ

紀伊国一宮

「きのくに」発祥の木の神様を祀る
伊太祁曽神社【いたきそじんじゃ】

境内には本殿をはじめ摂社、末社が多く鎮座する。

霊石のおさる石は古くは参拝者が本殿参拝前に手を添えた石。

遠く伊勢神宮を遥拝する伊勢神宮遥拝所。

日本に木種を播いた神様を祀る

創建の時期に関しては不明だが、『続日本紀』の文武天皇大宝2年（702）の記事に初めて登場する。古くは日前神宮の地に祀られていたが、垂仁天皇の時代に、その地を明け渡して、現在の社殿から南東に500メートルほど離れた「亥の森」に遷座したと伝わる。そして、和銅6年（713）になり、現在の地に遷座したという。

祭神の五十猛命（いたけるのみこと）は、素戔嗚尊（すさのおのみこと）の子。父は木種を持っていて、五十猛命に大八州国に木種を播き施すように命じたとされる。この神話から伊太祁曽神社は木の神様を祀る神社として広く知られ崇敬される。

◐お祭り

＜卯杖祭＞

1月15日に行われる魔除け・厄除けの神事。卯杖で土中の邪気を祓う。祭典後は前夜に炊いた魔除けの小豆粥が振る舞われる。

＜茅輪祭＞

「わくぐりまつり」「わぬけまいり」とも呼ばれる行事で、7月30日の夕刻から31日夜の間に直径2mの茅の輪をくぐることで災厄を祓うとされる。

◎DATA

住所	和歌山県和歌山市伊太祈曽558
電話	073-478-0006
時間	境内自由
拝観料	無料
定休日	無休
交通	わかやま電鉄伊太祈曽駅から徒歩約5分

◉マップ

紀伊国一宮

丹生都比売神社

【にうつひめじんじゃ】

紀伊山地の霊場として世界遺産に認定

▶室町時代に建立された入母屋造・檜皮葺きの楼門。

▲ご祭神に花を供え言祝ぐ春の大祭、花盛祭の後に行われる渡御の儀。

▲鳥居の向こう、入母屋造り反り屋根の優美な楼門と本殿は国の重要文化財に指定されている。

高野山を守護する女神の社

弘法大師空海に高野山を授けた神として、今も神仏融合の景観が広がる、和歌山県北東部の天野の里に静まる旧官幣大社で、別名「天野大社」。太鼓橋を渡ると入母屋造反り屋根の優美な楼門があり、その奥に四神を祀る、四棟の一間社春日造の本殿が立ち並ぶ。楼門および本殿は檜皮葺きで、室町時代の建立とされる。かつては各本殿前に配置されていた重要文化財の木造狛犬や国宝の太刀など社宝も多い。

祭神は、丹生都比売大神(にうつひめのおおかみ)、高野御子大神(たかのみこのおおかみ)、大食都比売大神(おおげつひめのおおかみ)、市杵島比売大神(いちきしまひめのおおかみ)の四柱。因みに、丹生とは朱砂のことで魔除けの力があるとされる。

◐お祭り

＜御田祭＞

1月第3日曜日の午後に行われる狂言形式の神事芸能。平安時代に行われていた儀式が起源とされる。農作業の所作をユーモアたっぷりに演じ、参拝者の笑いを誘う。

＜花盛祭＞

4月の第2日曜日に行われる春の大祭。午後には、春の天野を巡る「渡御の儀」が行われる。

◎ DATA

住　所	和歌山県伊都郡かつらぎ町上天野230
電　話	0736-26-0102
時　間	境内自由（授与所 8：45 ～ 16：30）
拝観料	無料
定休日	無休
交　通	JR 笠田駅からコミュニティバス丹生都比売神社行で約30分

◉マップ

但馬国一宮

出石神社

【いずしじんじゃ】

但馬開拓の祖、天日槍を祀る

▲歴史を感じさせる社殿もある。

▲朱色に塗られた華やかな神門。

▲現在の社殿は大正時代に再興されたもの。

拝殿は舞殿形式の大変珍しい構成

新羅王の子の子、天日槍（あめのひぼこ）を祭神とする、新羅系式内社であり、渡来氏族の拠点であった。天日槍は、砂鉄による製鉄で農具を作り、優れた土木技術を使った但馬開拓により、豊かな穀倉地帯に変えたという。天日槍の8つの宝もともに祀られている。

現在の社殿は、広い境内に大正3年（1914）に再建されたもので、本殿は三間社流造り（さんげんしゃながれづくり）で、前面に幣殿と祝詞殿がある。拝殿は舞殿形式の入母屋造り（いりもやづくり）で、平唐破風（ひらからはふ）という大変珍しい構成をしている。東北側に玉垣で囲われ300坪ほどの「禁足地」があり、中に入ると祟りがあると信じられている。

◐お祭り

<新嘗祭>
11月23日に行われ、前夜に新米を蒸して作った餅を神前に供え、その後餅撒きをして参拝者にふるまう行事で、「おはなびらまつり」と呼ばれる。

<節句祭>
祭神の但馬開拓にまつわる行事で、「幟まわし」と呼ばれ、地区内を竹の幟をたてた子供たちが回る行事。毎年5月5日に行われる。

◎ DATA

住所	兵庫県豊岡市出石町宮内99
電話	0796-52-2440
時間	境内自由
拝観料	無料
定休日	無休
交通	JR豊岡駅からバス約25分、出石鳥居橋下車徒歩約10分

◉マップ

但馬国一宮

粟鹿神社
【あわがじんじゃ】

国家の大難を救った、ご神徳の高い神社

▶鳥居をくぐり参道を進むと勅使門、社殿がある。

▶応仁の乱で唯一残った勅使門が建つ。

▶神門には阿吽の木製狛犬が安置される。

家内安全、五穀豊穣で人気の古社

但馬最古の神社で、創建は２０００年前に遡るとされる。「粟鹿」の名は「鹿が粟を３束咥えて粟鹿山から現れ、人々に農耕を教えた」という伝承に因む。国家の大難に際し、４度にわたり勅使が派遣されたという記録があり、古くから朝廷の崇敬を受けていたようだ。現存する勅使門は約６００年前に建てられ、日の出門と呼ばれる。境内を鬱蒼と包み込む社叢とともに町の文化財に指定されている。

主祭神は、彦火々出見命、日子坐命、阿米美佐利命の３柱。本殿後方には円墳があり、日子坐命の墳墓との説も。家内安全、五穀豊穣のご利益で知られる。

◐お祭り

<秋季大祭>

10月17日に行われ「開かずの門」といわれる勅使門が開かれる。また、「サアゴザレ」と呼ばれる古式ゆかしい瓶子渡祭の儀式が行われる。麻の裃を着用した４人のうち２人が階上・階下にわかれ、御稜柿・茄子・ひこばえを盛った三寶を、「サアゴザレ　サア」と言いながら左右交互に差し違え、２人の意気があった時に渡し、殿内におさめて儀式を終える。

◎ DATA

住　所	兵庫県朝来市山東町粟鹿2152
電　話	079-676-2465
時　間	境内自由
拝観料	無料
定休日	無休
交　通	JR和田山駅からバス約15分、粟鹿神社前下車徒歩約10分

◉マップ

至 JR和田山駅
275
粟鹿神社
西地コミュニティー消防センター
粟鹿神社

播磨国一宮

伊和神社

【いわじんじゃ】

播磨国開発の神大己貴神を祀る

▶鎮守の森に抱かれた伊和神社の境内。

◀播磨国一宮伊和神社の御朱印。

▲播磨国を開発した大国主神を祀る社殿。

鶴が舞い降りた場所に社殿を造営

播磨から因幡へ抜ける国道29号線沿いにある名神大社。欽明天皇25年(564)御神託により一夜にして杉や檜の林が出現し、そこに鶴が舞い降りたという。そこに社殿を造営したとされ、鶴が北向きのため、社殿も北向きなのだという。鶴は石の上に舞い降りたとされ、その石が鶴石と呼ばれている。『延喜式(えんぎしき)』には伊和坐大名持魂神社(いわにいますおおなもちみたまのかみやしろ)とある。

主祭神は大己貴神(おほなむち)で、伊和大明神と呼ばれ大黒主神のこと。播磨国は祭神が開拓した地と伝えられ、伊和の地名は祭神がこの地で開発を「おわった」、と述べたことに由来するとされる。

◐お祭り

＜風鎮祭＞

別名油万灯祭。風の鎮めと五穀豊穣、家内安全を記念する行事。境内に並べられた小皿に油を注ぎ、火を灯す幻想的な行事。8月末の二百十日前に行われる。

＜秋季大祭＞

五大の太鼓台屋台など百人を超える御輿渡御行列がお旅所に神幸する。

◎DATA

住　所	兵庫県宍粟市一宮町須行名407
電　話	0790-72-0075
時　間	境内自由
拝観料	無料
定休日	無休
交　通	JR姫路駅からバス約1時間20分、伊和神社下車すぐ

◉マップ

コラム

神社のご利益を知る②

〜熊野権現・白山比咩大神・住吉様〜

熊野の神々を祀る熊野権現、縁結びの女神・白山比咩大神、そして海の神様・住吉様を知ろう。

熊野権現

【くまのごんげん】

「家内安全」「子孫繁栄」「健康長寿」

熊野権現とは熊野本宮大社、熊野速玉大社、熊野那智大社からなる熊野三山に祀られた神々の総称。現在、熊野を名乗る神社は全国で4000社を越える。主な神様は、熊野本宮大社の主祭神である家津御子大神（けつみこのおおかみ）で素戔嗚尊（すさのおのみこと）と同神である。素戔嗚尊は、『日本書紀』によると、国生みの神である伊弉諾尊（いざなぎのみこと）と伊弉冉尊（いざなみのみこと）の間に生まれた子とされ、神話の中でヤマタノオロチに食べられそうになっていた櫛名田姫（くしなだひめ）を救った英雄で、家内安全や子孫繁栄にご神徳が高いとされる。また素戔嗚尊は木の神でもあり、自身の毛を引き抜き、地上にばら撒いて様々な種類の木々を育成したとされている。さらに太陽の使いとされる八咫烏を伴っているため太陽神ともされている。神話上では天照大神を怒らせる暴れん坊のイメージが強い素戔嗚尊は、人を守り、植物を育てる大きなパワーをもった神様である。

白山比咩大神

【しらやまひめのおおかみ】

「縁結び」「夫婦和合」

白山比咩大神（しらやまひめおおかみ）は「しらやまさん」の呼び名で親しまれ、特に縁結びの神様として名高い。白山比咩大神は日本神話に登場する女神・菊理媛尊（くくりひめのみこと）とされる。日本神話の国生み・神生みに登場する伊弉諾尊（いざなぎのみこと）は、亡くなった後、黄泉の国にいた妻の伊弉冉尊（いざなみのみこと）を現世に連れ戻しにやってくる。しかし、そこで口論となった時、菊理媛尊が現れ、伊弉諾尊と伊弉冉尊の中裁を行ったという。菊理媛尊の「くくり」が縁を「くくる」に転じたという説もあり、ここから和合の神として崇敬を集めている。白山信仰の総本宮は自然豊かな白山山麓にある白山比咩神社で、分社の数は全国で3000社以上を越えるといわれる。白山から流れる水の恵みは、その下に広がる平野一帯に豊かな実りをもたらしてきた。水は様々な「結び」を生むことから、いつしか縁結び神様として崇拝されるようになったという。

住吉様

【すみよしさま】

「海上安全」「漁業守護」「商売繁盛」

海上の安全を守る海上守護の神として知られる。伊弉諾尊（いざなぎのみこと）が黄泉の国を脱した後、海で禊祓（みそぎはらい）をしていた時、海の底・中・表から出現した底筒男命（そこつつのおのみこと）・中底筒男命（なかつつのおのみこと）・表底筒男（うわつつのおのみこと）を合わせて住吉三神という。「筒」とは「津々浦々」の「津々」で港や海を表わすと、あるいは航海の目印となる「星＝つつ」を表わすともいう。住吉と名の付く神社の多くは海岸や河口の近くに祀られているのはこのように海の神だからである。また、住吉の神は祓いの神でもある。穢れを祓う禊は、海や川の清水で身をそそぐ行為である。住吉の神は航海や漁業の神から、外交・貿易・産業の守り神へと信仰を発展させていった。総本社は大阪の住吉大社で、今は神社の周囲は市街地となっているが、かつては松の緑が美しい海岸だった。住吉の神を祀る神社は全国で約2000社ある。

全国一宮巡拝ガイド

<第六章>

中国編

中ツ国を統治した国譲りの神話と伝説に彩られた中国地方の一宮を巡拝する

美作国一宮

中山神社【なかやまじんじゃ】

中山造りと中山鳥居発祥の神社

▶社殿の中山造りは出雲と吉備の特徴をあわせ持つ。

▲参道を進み神門をくぐり境内へ。

▲製鉄を伝えた氏族が祭祀した。

出雲と吉備の両国の特徴をもつ

津山市の北部、長良嶽の麓にある名神大社。古来よりこの地に居住した農耕民が、豊作を祈り農耕神を祀ったのが起こりであるといわれる。その後、製鉄を持ち込んだ氏族が信仰した神との習合が行われたとみられ、文武天皇景雲4年(707)に創祀された。祭神に石凝姥神(いしこりとめのかみ)の御神業を称えた御名鏡作神(かがみつくりのかみ)を祀る。

出雲国と吉備国の中間にあることから、社殿は両者の特徴をあわせ持つ中山造りという構造で、入母屋造り妻入りの構成。美作のほとんどの神社の基となる造りとなっている。鳥居も中山鳥居と呼ばれる造りである。

◐お祭り

＜春季大祭(御田植祭)＞

4月29日。「鍬振り神事」は、境内で白装束に黒烏帽子をつけた氏子12名が笛太鼓に合わせ、参道の石畳を田んぼに見立てて、木鍬を頭上で振り回してから地中に打ち込む様子を繰り返す。

◎ DATA

住所	岡山県津山市一宮695
電話	0868-27-0051
時間	境内自由
拝観料	無料
定休日	無休
交通	JR津山駅からバス約15分、中山神社下車すぐ

◉マップ

備前国一宮

吉備津彦神社

【きびつひこじんじゃ】

桃太郎と神楽・備前刀のふるさとの一宮

▶歴史を感じさせる神の使いとされる狛犬。

▶備前国一宮吉備津彦神社の御朱印。

備前國一宮
奉拝
吉備津彦神社
令和五年 一月 一日

▶備前藩主池田綱政により造営された三間社流造りの社殿。

桃太郎のモデルといわれる神様をお祀りする神社

吉備の国の奥宮磐座を有する御神体山・吉備の中山の東麓に鎮座する古社。吉備の国を治めたミコトの屋敷跡に社殿が建てられたのが神社の始まりといわれる。

御祭神は、古代吉備の国を守り、文武両道の神様として崇敬される大吉備津日子命。昔話「桃太郎」のモデルとしても有名で、桃太郎にちなんだ御神刀のお守りや桃の形をしたお守り・おみくじも人気。江戸時代には、岡山藩主・池田家の崇高厚く、社領の寄進や御社殿の再建などが行われた。桃太郎伝説と神楽・備前刀のふるさとの備前國一宮として広く知られる。

◐お祭り

<御田植祭>

8月2日、3日に行われる平安時代から伝わる行事。県指定無形民俗文化財で、2日の夕方に厄神祭、続いて本殿祭で田舞が奉納され、さらに御斗代祭がある。3日は朝10時の本殿祭にはじまり、16時からメインの稲作伝来をあらわす御幡献納祭がある。

◎ DATA

住所	岡山市北区一宮1043
電話	086-284-0031
時間	境内自由
拝観料	無料
定休日	無休
交通	JR備前一宮駅から徒歩約3分

◉マップ

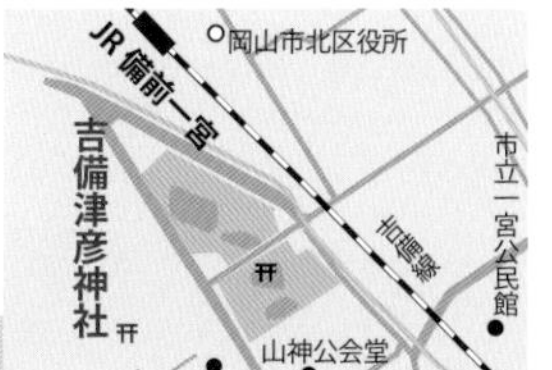

備前国一宮

石上布都魂神社

【いそのかみふつのみたまじんじゃ】

「蛇の荒正の剣」はここにあった

▶備前藩主池田綱政により社殿が再興された。

▶蛇の荒正の剣を伝えてきた古社。

▶明るい境内では狛犬が迎えてくれる。

素盞嗚尊伝説が残る神社

神社の鎮座する場所は古代から神聖な地であったという。『日本書紀』には「祭神である素盞嗚尊が大蛇を退治した際に使った剣は石上にある」との記述があるが、その石上はこの地であるとされている。なおこの剣は「蛇の荒正の剣」と呼ばれ、備前の神部のもとに安置されているという。

一時荒廃していたものを、寛文9年（1669）備前藩主池田綱政によって社殿が復興され、昭和21年（1946）に県社となっている。付近には、植生上大変貴重な「ツブラジイ」の純林があり、古来より山が守られてきたことがわかる。

◐お祭り

＜例大祭＞

10月20日に近い日曜日に行われ、剣の故事より武道の神として武道演舞の奉納がある。

◎DATA

住　所	岡山県赤磐市 石上風呂谷1448
電　話	086-724-2179（宮司宅）
時　間	境内自由
拝観料	無料
定休日	無休
交　通	JR金川駅から車で約15分

◉マップ

備中国一宮

吉備津神社

【きびつじんじゃ】

鬼退治の桃太郎が主祭神

▶室町時代から続く鳴釜神事は回廊の途中にある御釜殿で行われる。

▲約400m続く回廊は神社建築の傑作といわれる。

▲豪壮で優美な社殿を包み込む紅葉。

本殿は豪壮で優美な足利義満の再建

吉備津彦神社の西、吉備の中山の山麓にある吉備国の総鎮守社である名神大社。草創は仁徳天皇の吉備行幸の際とされ、承和14年（847）に従四位下の神階を授けられている。

本殿は、豪壮かつ優美な比翼入母屋造り（ひよくいりもやづくり）の国宝、応永32年（1425）足利義満の再建。約400mもある回廊も圧巻。和様を主に天竺様を折衷した「吉備造り」という他に例を見ない独特の形式で、神社建築の傑作といわれている。主祭神は大吉備津彦大神（おおきびつひこのおおがみ）で、『日本書紀』によれば崇神天皇により西国討伐を命じられ、この国に留まったとされている。桃太郎のモデルともいわれている。

◐お祭り

<釜鳴り神事>
室町時代より有名だったという神事で、回廊の途中にある「御釜殿」で行われ、釜の鳴動により吉凶を占う。

<七十五膳祭>
祭神へ山海の珍味を捧げる行事。10月第２日曜日に行われる。

◎ DATA

住　所	岡山県岡山市吉備津931
電　話	086-287-4111
時　間	5：00 ～ 16：00
拝観料	無料
定休日	無休
交　通	JR吉備津駅から徒歩７分

◉マップ

備後国一宮

吉備津神社【きびつじんじゃ】

大国主神の使者の伝説が残る

▶福山城主が造営した社殿は国の重要文化財。

▶備後国一宮の吉備津神社の御朱印。

▶節分祭ではほらの吹き合いが行われる。

いちきゅうさんの名で親しまれる

「いちきゅうさん」の名で親しみを込めて呼ばれている。この備後国吉備津神社は、備中吉備津神社の分社とされる。大同元年（806）の草創とされ、『太平記』によると備後の武士、桜山氏が元弘元年（1331）に鎌倉幕府に対して挙兵した際に、戦火により社殿を焼失した。

重要文化財の社殿は、慶安元年（1648）福山城主水野勝成が造営。本殿の背後には洞窟があり、石清水八幡宮を開創した名僧行教らが修行した霊場である。また上下二つの隋神門があるのは珍しい。祭神は吉備津彦命（きびつひこのみこと）で、大国主神の使者が祭神の門守となった伝説が残る。

◐お祭り

＜節分際＞

2月の節分に行われる奇祭で、五穀豊穣を祈願して祭灯をとりかこんで、「ほらふき競い」が行われる。

＜市立大祭＞

11月23日前後に行われる、100軒もの露店が並ぶ中国地方屈指の大祭。備後絣音頭や鬼炎太鼓などの芸能や武道の奉納や植木市がある。

◎ DATA

住所	広島県福山市新市町宮内400
電話	0847-51-3395
時間	境内自由
拝観料	無料
定休日	無休
交通	JR新市駅から徒歩約20分

◉マップ

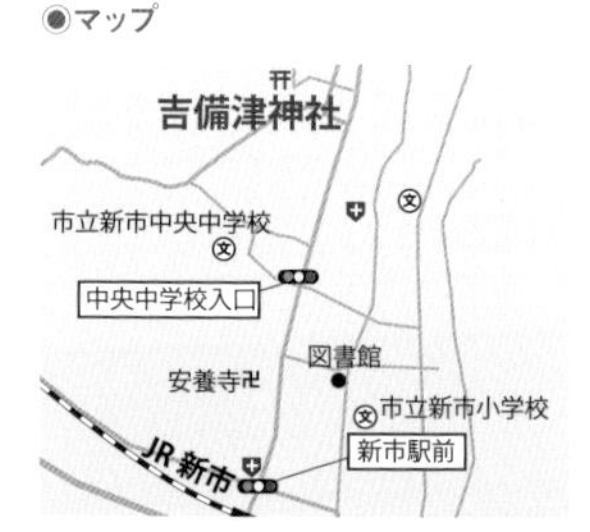

備後国一宮

素盞嗚神社（すさのおじんじゃ）

京都の八坂神社の祖とも考えられる

◀八坂社の祖ともいわれる備後国一宮の素盞嗚神社の御朱印。

▲春のひと時、境内を桜が美しく彩る。

▲戦国時代に相方城主有地氏により再建された社殿。

祭神は素盞嗚命で牛頭天王と同じ

創祀は、天武天皇の御代で、『延喜式神明帳』には須佐能袁神社と記されている式内社である。『備後風土記』には、牛頭天王（ごずてんおう）がこの地に来臨し、一晩の宿を提供してくれた蘇民将来に「後の世に疫病あらば蘇民将来の子孫と云いて、茅の輪を腰に着けよ。そうすれば病を免れるであろう」と言われたという。（茅の輪くぐりの起源）

インドで祇園精舎を護っていた牛頭天王は、後に素戔鳴尊（すさのおみこと）と習合し、祇園祭の祭神となった。平安時代になり、牛頭天王の御霊は、明石浦（兵庫）、広峰（姫路）、祇園感神院（京都）に勧請された。それ故、当社が、祇園祭の本源地とされる。

◐お祭り

＜茅の輪神事＞
蘇民招来伝説発祥の地であることから、災厄をまぬがれるための「茅の輪」くぐりが最初に行われたのもこの神社であるとされる。備後風土記にもあり、8月8日に行われる。

＜祇園祭＞
7月中旬の金・土・日に催行。、御輿の巡幸や祇園囃子もあるが、京都と違い、喧嘩御輿が行われる。

◎ DATA

住所	広島県福山市新市町戸手1-1
電話	084-751-2958
時間	境内自由
拝観料	無料
定休日	無休
交通	JR上戸手駅から徒歩約3分

◉マップ

安芸国一宮

嚴島神社

【いつくしまじんじゃ】

瀬戸内海に浮かぶように見える壮麗な社殿

▶海上に浮くように建つ社殿の中で一番奥に位置する御本社。

▶祭神に舞楽を奉納する高舞台。

▲西回廊の先には反橋がある。

厳島（宮島）は古来からの聖地

嚴島神社のある厳島（宮島）は一般に「安芸の宮島」と称され、日本三景のひとつに数えられている。厳島は古代より島全体を神として信仰の対象とされていた聖地で、伊都岐島などの別名から「島に神霊をいつきまもる」意味であったとも考えられる。

嚴島神社は、推古天皇元年（593）に土地の有力豪族であった佐伯鞍職が社殿造営の神託を受け、勅許を得て社殿を創建したのにはじまると伝わる。嚴島神社の名が文献に出るのは延長5年（927）年の『延喜式神名帳』で、「安芸国佐伯郡伊都伎嶋神社」と記され、名神大社に列している。

平家など時の権力者の崇敬を受ける

平安時代末期には中央で政権を握った平家一門の崇敬を受け、特に平清盛が安芸守に任ぜられるとその関係は深くなり、仁安3年（1168）頃に現在見られるような社殿が造営された。そして平家一門の隆盛とともにその守護神として社勢も栄えたが、平家滅亡の後も、源氏などの時の権力者の崇敬を受けた。その後も、安芸の国主・毛利元就による大規模な社殿の修復や天下人・豊臣秀吉の寄進などを受けている。

海上に鎮座する壮麗な社殿

三女神（市杵島姫命、田心姫命、湍津姫）を祭神

▲海上の大鳥居から一列に社殿が並ぶ。

▲壮麗な社殿の後ろには五重塔が建つ。

▲宮島のシンボル朱塗の大鳥居。

▶諸殿を結ぶ美しい朱色の回廊。

として祀る。市杵島姫命は、弁財天と習合し、音楽や学芸、技芸の上達の神としても信仰されている。

嚴島（宮島）のシンボルともいえる朱塗りの大鳥居（重文）は高さ16m、主柱の周囲9・9mで、拝殿から約200mの海上にあり、潮がある時は浮かんでいるようにみえる。鳥居の主柱の材料は樹齢500年を超える楠の自然木。自重だけで立っている。

潮が満ちてくると海上に浮かぶ朱色の社殿は、背後に聳える弥山（御山）の緑と瀬戸内の海の青とのコントラストがまるで竜宮城のよう。本殿、弊殿、拝殿、祓殿とその前には舞楽を奉納する高舞台（いずれも国宝）があり、東西合わせて275mの回廊で結ばれている。

◐お祭り

<管絃祭>

旧暦6月17日に行われる。平清盛の時代にはじまったという祭礼行事で、天神祭（大阪府）、ホーランエンヤ（島根県）と並び日本三大船神事のひとつとされる。都で行われていた管絃遊び（池や川に船を浮かべ管絃を合奏する優雅な遊び）を、嚴島神社の祭神を慰める神事として執り行うようになった。

◎ DATA

住　所	広島市廿日市市宮島町1-1
電　話	0829-44-2020
時　間	境内自由
拝観料	大人300円、高校生200円、中小学生100円
定休日	無休
交　通	JR宮島口駅から連絡船10分、ターミナルから徒歩約10分

◉マップ

長門国一宮

住吉神社

【すみよしじんじゃ】

住吉大神の荒魂を祀る神社

▶本殿は九間社流れ造りの珍しい形式。

▶夜間ライトに照らし出される大鳥居。

▲秋季大祭では神輿の渡御が行われ大いに賑わう。

住吉三神の荒ぶる魂を祀る

伊邪那岐命（いざなぎのみこと）が黄泉の国から逃げ帰り、日向の橘小門で禊祓（みそぎはらい）を行った時に生まれた住吉三神（底筒男命（そこつつのおのみこと）・中筒男命（なかつつのおのみこと）・表筒男命（うわつつのおのみこと））の荒魂を祀る神社。荒魂（あらみたま）とは神の荒々しい側面、荒ぶる魂をいう。天変地異を引き起こし、病を流行らせ、人の心を荒廃させて争いへ駆り立てる神の働きで、「祟り」はその表れである。

対して、和魂（にぎたま）は雨や日光の恵みなど神の優しく平和的な側面で「加護」はその表れである。荒魂は供物を捧げ、儀式や祭りを行うことで和魂に変わる。荒魂はその荒々しさから新しい事象や物体を生み出すエネルギーを内包している魂とされるため、荒魂を祀る神社はよりご神徳が高い神社ともいえる。

神功皇后の守護神として創建

創建について『日本書紀』神功皇后紀によれば、三韓征伐の際、新羅に向かう神功皇后が住吉大神の「吾和魂は王身に服して寿命を守り、荒魂は先鋒となりて師船を導かん」との教示に従い大神を守護神として進軍、神助を得て戦勝して帰路の際「我が荒魂を穴門（長門）の山田邑に祀れ」との神託を受け、その場所に祠を建てたという。

『延喜式神名帳（えんぎしきじんみょうちょう）』では名神大社に列し、鎌倉時代には歴代将軍に信仰され社領などの寄進を受けた。戦国時代には大内氏、毛利氏の崇敬を受け、さらに江戸時代に入り長州藩主毛利

▶本殿の前に建つ拝殿は神様との接点。

▶社宝として神社に所蔵される銅鐘。

▶参道の途中に太鼓橋がある。

▶春のひととき、神池を桜が彩る。

氏によって社殿の修復が行われた。

本殿は珍しい形式で国宝に指定

参道から鳥居を抜け神池を渡り、石段を登ると楼門がある。楼門をくぐると東西の回廊に囲まれて拝殿と本殿が建つ。本殿は九間社流造り（きゅうげんしゃながれづくり）で、五か所に千鳥破風（ちどりはふ）を付けた珍しい建築。応安3年（1370）に周防・長門の守護大内弘世が造営したもので国宝に指定されている。流造（ながれづく）りと春日造りの折衷式の様式を用いている。

第一殿に住吉三神、第二殿に応神天皇、第三殿に武内宿禰命（たけのうちのすくねのみこと）、第四殿に神功皇后、第五殿に建御名方命（たけみなかたのみこと）を祀り、創建の由緒から軍事と海上交通の神として篤い崇敬を集めている。

◐お祭り

<秋季大祭>

毎年9月23日に斎行される。午前10時より五穀豊穣に感謝する本殿祭が行われ、午前11時に地元の中学生による子供神輿の渡御が行われ、氏子区域をねり歩く。午後1時30分よりご神幸祭が行われ、子供神輿、大人神輿、子供達がご神宝を持ち、行列を組み打下社に向かう。

◎ DATA

住　所	山口県下関市一の宮住吉1-11-1
電　話	0832-56-2656
時　間	境内自由
拝観料	無料
定休日	無休
交　通	JR新下関駅から徒歩約15分

◉マップ

因幡国一宮

宇倍神社【うべじんじゃ】

武内宿禰の御昇天の地に鎮座

▶この地で御昇天されたと伝わる武内宿禰を祀る神社。

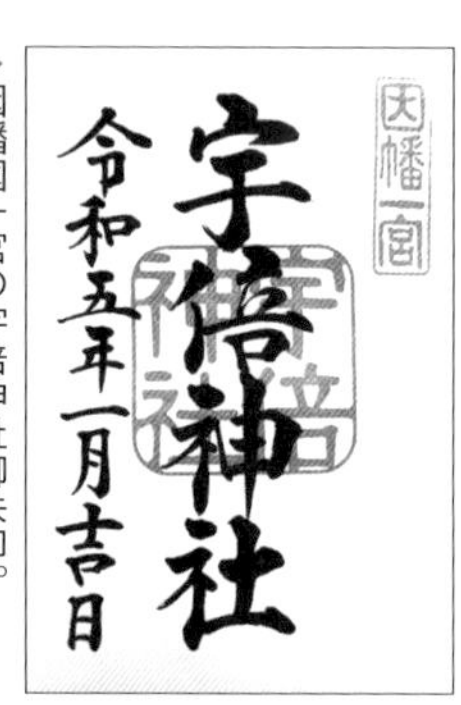

▶因幡国一宮の宇倍神社御朱印。

▶ご神宝として伝わる麒麟獅子。

蘇我氏などの祖 武内宿禰を祀る

宇倍山の麓、因幡国庁跡の北側にある因幡国唯一の名神大社。大化4年（648）の創建と伝わり、武内宿禰の御昇天の地とされている。

そこは社殿の背後にあり「亀金の岡」と呼ばれ円墳であることが分かっており、鏡や管玉（くだたま）などが出土している。

武内宿禰は、大和国家初期に活躍した伝説上の人物。景行天皇から仁徳天皇まで300年もの間、大臣を務めたという。神功皇后の新羅征伐にも従ったという古代のスーパースター的存在。平群氏・蘇我氏・葛木氏などの祖ともいわれる。

◐お祭り

＜例祭＞

4月21日に行われる。御幸祭ともいわれ、額に1本角のある麒麟獅子が、無形文化財の舞を奉納、武者行列、奴舞などがあり、五穀豊穣を祈願する。獅子舞は昭和34年（1959）、県の民俗無形文化財に、令和2年（2020）には、「因幡・但馬の麒麟獅子舞」として、国重要無形文化財に指定されている。

◎DATA

住　所	鳥取県鳥取市国府町宮下651
電　話	0857-22-5025
時　間	境内自由
拝観料	無料
定休日	無休
交　通	JR鳥取駅からバス約15分、宮下下車徒歩約3分

◉マップ

伯耆国一宮

倭文神社

【しとりじんじゃ】

安産の神様、下照姫伝説の地

▲安産の神様として女性の崇敬が篤い。

▶鳥居の向こうに壮麗な随神門が建つ。

▶大国主神の娘・下姫照命終焉の伝説地に鎮座する。

主祭神は織物の始祖とされる建葉槌命

御冠山の西麓、羽合温泉の東郷池の対岸に位置する古社。草創は不詳だが、大国主神の娘の下照姫命が出雲より移り住みこの地で亡くなったとされている。

宮内の集落から参道を行くと安産岩がある。難産に苦しむ婦人が願をかけたところ、下照姫命が夢に現れ、この岩のところで安産したといわれている。大正4年（1915）に下照姫命の墓といわれた場所から多くの埋蔵物が見つかっている。壮麗な隋神門があり、本殿などは文化15年（1818）の再建。織物の始祖とされる建葉槌命を主祭神とし、下照姫命などを祀っている。

◐お祭り

<例祭>

「いちのみやさん」と呼ばれる行事で5月1日に古式の神事が行われる。近郊最大の行事として賑わう。毎年小学4～6年生の巫女が浦安の舞を奉納、さらに神輿や稚児が境内の参道を練り歩く。

◎ DATA

住　所	鳥取県東伯郡湯梨浜町宮内754
電　話	0858-32-1985
時　間	境内自由
拝観料	無料
定休日	無休
交　通	JR松崎駅からバス約5分、藤津入口下車徒歩約20分

◉マップ

出雲国一宮

縁結びの神として信仰される 出雲大社【いづもおおやしろ】

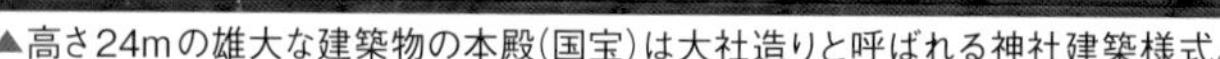
▲高さ24mの雄大な建築物の本殿（国宝）は大社造りと呼ばれる神社建築様式。

▶出雲の神在月に全国から集まった神々の宿舎となる十九社。

▲拝殿の西側にある神楽殿は本殿とは別に大国主大神を祀る。

出雲国造家が代々大国主大神を祀る

日本神話によると大国主神が天津神（高天原から天降った神の総称）に国譲りを行う際、その代償として天孫が住むのと同じくらい大きな宮殿を建てて欲しいと求め、造営されたのがはじまりという。

古代から杵築大社と呼ばれていたが、明治以降に出雲大社と名を変え、縁結びの神である「だいこくさま」として全国から篤い崇敬を受けている。

創建以来、天照大神の子・天穂日命を祖とする出雲国造家（中世に千家家・北島家に分かれて社に奉仕した）が代々祭祀を執り行ってきた。

現在の宮司で84代目を数え、その正服の紋様は神社本庁の定める黒綾文輪なし裏同色平絹ではなく黒綾にご神紋である二重亀甲剣花角の文様を練り込んだもので他に類をみない。

古代には超高層建築であった本殿

本殿は玉垣、瑞垣、荒垣の三重の垣根に厳重に守護されている。現在の本殿は延享元年（1744）に造営されたもので、高さ24・2mの雄大な建築である。

南面し二間に二間・単層・切妻造り・檜皮葺きで床下高く、棟には勝男木を置き、千木が高く聳えている。

しかし、かつての本殿は現在よりもはるかに高く、中古には48m、太古には96mであったと伝えられ、

◀御本殿と拝殿。

▲江戸時代のはじめに毛利綱広が寄進した銅鳥居。

▶拝殿は正面から本殿が望めるよう少し位置をずらして建てられている。

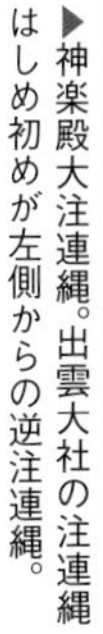

▶神楽殿大注連縄。出雲大社の注連縄はしめ初めが左側からの逆注連縄。

大社造りと呼ばれる住居式の神殿様式を伝えた。特に大古の建設は、空に向かって延びた何本もの柱の上に社が建つという大変不思議な形で、東大寺大仏殿(45m)より巨大な建築物であったとされる。

国宝の本殿の他、重要文化財も多数

出雲大社本殿は国宝に指定されている。さらに楼門、神饌所、玉垣などの社殿21棟と鳥居1基が国の重要文化財に指定されている。

神無月(かんなづき)(旧10月)は諸国の神々が出雲に集まるといわれている。この月は逆に出雲では神在月と呼ばれ、諸国の神が大国主神のもとに招集される神集まりをするといわれる。

◐お祭り

<神在祭>

旧10月11日～17日に行われる神迎えの神事。稲佐の浜に神々を迎えるために御神火が焚かれ、龍蛇(ウミヘビ)を神々の使者としてお迎えする神迎えが行われる。神事が終了すると中央の神籬(ひもろぎ)に宿られた八百万の神々を案内して、3km余りの道のりを神官を先頭に全国から集まった何千人もの信者が行列して出雲大社に向かう。

◎ DATA

住所	島根県出雲市大社町杵築東195
電話	0853-53-3100
時間	境内自由
拝観料	無料
定休日	無休
交通	一畑電車出雲大社前駅から徒歩約15分

◉マップ

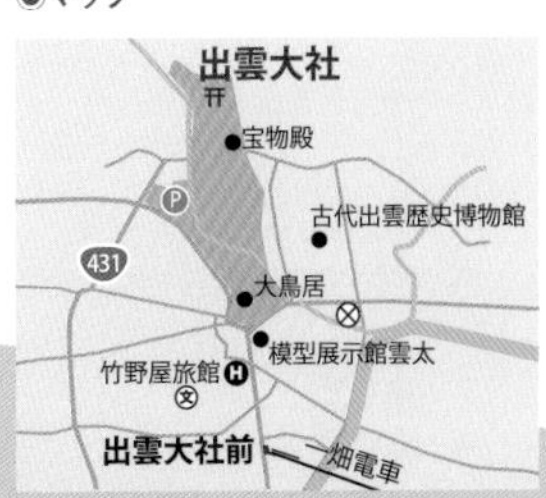

出雲国一宮

火燧り伝承を伝える古社 熊野大社【くまのたいしゃ】

▶大社造りの本殿は昭和の修造になる。

▶出雲大社に火を燧す神器を授ける鑽火祭。

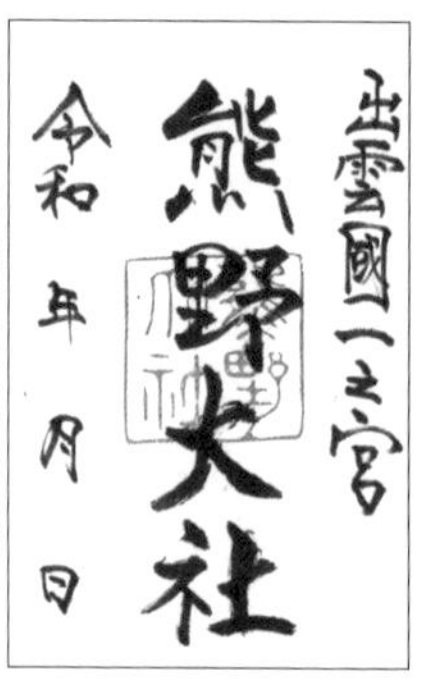

▶出雲国一宮熊野大社の御朱印。

殖産興業・招福縁結 厄除のご神徳がある

草創は不詳だが、『延喜式』には熊野坐神社として記載されている。本殿は大社造りで最近では、昭和53年（1978）の修造、前面の舞殿、その横に鑽火殿がある。また境内にある歌碑には「八雲立つ……」の和歌が刻まれている。

川を挟んだ熊野山の山上に磐座があって元宮とされている。

祭神は櫛御気野命で、素盞嗚命のことである。素盞嗚命はこの山で燧臼・燧杵により火（神火）をきりだしたとされ、そこから社名を日本火出初社ともいう。

現在は、殖産興業・招福縁結・厄除の大神として、深く信仰される。

◐お祭り

＜鑽火祭＞

亀太夫神事とも呼ばれ、火熾しの技術が伝えられたという伝承により、出雲大社の宮司に火を熾す神器を授ける神事。こうした神事は日本国内には例がない。10月15日に行われる。

◎ DATA

住　所	島根県松江市八雲町熊野2451
電　話	0852-54-0087
時　間	境内自由
拝観料	無料
定休日	無休
交　通	JR松江駅からバス約25分、八雲車庫乗り換えバス約20分、熊野大社下車すぐ

◉マップ

熊野大社
ゆうあい熊野館
ホットランドやくも
熊野局
53
至 JR松江駅

石見国一宮

物部神社
【もののべじんじゃ】

古代豪族物部氏の始祖を祀る宗社

▶大和時代の豪族物部氏の神社。

▶石見国一宮物部神社の御朱印。

▲本殿は江戸時代中期の再建になる。

大和の名族物部氏ゆかりの神社

祭神の宇摩志麻遅命（うましまじのみこと）は、国土開拓に尽くされた物部氏の祖神で、そのご神墓も当社にある。当社の草創は詳らかではないが、当初はご神体である八百山を崇めていた。後に天皇の勅命により、継体天皇8年（513）に社殿が創建された。

本殿は宝暦3年（1753）に再建されたものを、一部心柱を再利用して安政3年（1856）に造修した。変形春日造りと呼ばれ、身舎（もや）と前拝（ぜんぱい）の2間からなっている。拝殿は、昭和13年（1938）の再建。社宝として大内義隆が奉納した重要文化財の太刀「了戒」など多数が所蔵されている。

◐お祭り

＜鎮魂祭＞

11月24日に行われる新嘗祭の前夜祭で、祭神が十種の神宝を奉斎されたことに由来する神事。形代の入った柳箱を振り動かす古式神事を伝えている。宮中でも行われる鎮魂祭を行うことで、石上神宮および彌彦神社とともに有名である。

◎ DATA

住所	島根県大田市川合町 川合1545
電話	0854-82-0644
時間	8：30～17：00
拝観料	無料
定休日	無休
交通	JR大田市駅からバス約15分、 物部神社前下車徒歩すぐ

◉マップ

隠岐国一宮
（島後）

水若酢神社
【みずわかすじんじゃ】

黒松の巨木のなかの隠岐の海の神

▶隠岐造りという重要文化財の本殿。

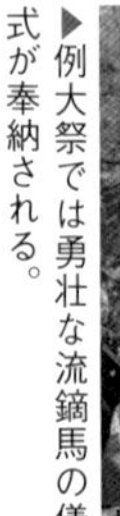

▶例大祭では勇壮な流鏑馬の儀式が奉納される。

▲緑の木々に覆われた参道。

隠岐島後の山間の黒松林にある名神大社

仁徳天皇又は崇神天皇の御代の鎮座と伝えられ、承和9年（842）に官社となった。現在の本殿は「隠岐造り」といわれる特殊な構造で、妻入りの大社造りに春日造り、神明造りを加味したもので、国指定重要文化財になっている。

祭神の水若酢命（みずわかすのかみ）は美豆（みず）別主命（わけぬしのみこと）とも書かれ、朝廷の命を受け大伴氏族を率いて隠岐の国に渡り、島を開拓し、海上鎮護の任に当られた隠岐の祖神であり、国境防衛の神とされる。すぐそばに明治中期の洋風木造建築である隠岐郷土館、五箇創生館があり、隠岐の民俗資料や伝統文化に関する資料が展示されている。

◐お祭り

＜神幸祭＞

隔年の5月3日（例大祭）に行われる300年続く行事で、神幸祭は隠岐の三大祭りのひとつで「水若酢神社祭礼風流」として県民俗文化財に指定されている。流鏑馬、山車巡幸、獅子舞など古式ゆかしく行われる。

◎DATA

住所	島根県隠岐郡隠岐の島町郡723
電話	08512-5-2123
時間	境内自由
拝観料	無料
定休日	無休
交通	隠岐汽船西郷港からバス約35分、水若酢神社前下車すぐ

◉マップ

隠岐国一宮
(島前)

由良比女神社

【ゆらひめじんじゃ】

イカの大漁に感謝をささげた大社

▶イカをもって現れたとされる由良比女を祀る。

▶祭礼の日には多くの人々で賑わう。

▲桜に彩られる社殿と境内は地元の人の憩いの場。

漁業や海上安全、外敵退散を祈願

隠岐島島前の浦郷港近くの由良の浜に、鳥居が立つ名神大社。元は「和多須神」、『土佐日記』には「ちぶり神」とあり、漁業や海上安全、また朝鮮半島や蒙古、また海族などの外敵を防ぐ祈願が行われてきていた。平安時代に隠岐国一の宮とされ、承和9年(842)宮社とされた。その後荒廃したが、元禄5年(1692)に社殿を復興している。

祭神の由良比女は素佐之男尊の第8子の須勢理姫命である。神武天皇の御世に由良浜に、イカを持って現れたとされる。かつて由良の浜には、11月末から2月初旬にかけてイカが大量に押し寄せた。

◐お祭り

<御旅祭>

安永2年(1173)に再興された山陰最大の祭り。7月28日の朝7時に御輿が出発、神船に乗り海上を巡幸する。

<神帰祭>

神武天皇の御世に、祭神の由良比女が海を渡るときに、イカが手にかみつたことを詫びて、イカが寄ってくるようになったという伝説に由来する祭りで、11月29日に行われる。

◎ DATA

住　所	島根県隠岐郡西ノ島町浦郷
電　話	08514-6-0950
時　間	境内自由
拝観料	無料
定休日	無休
交　通	隠岐汽船浦郷港から徒歩約10分

◉マップ

周防国一宮

玉祖神社【たまのおやじんじゃ】

レンズやカメラ関係業者から崇拝される

▶玉祖命が亡くなった地に社殿を祀ったという。

▶朝廷の崇敬の他、歴代領主からも信仰された。

▶カメラやレンズ、メガネの業者の信仰が篤い。

玉祖命と石凝姥命を祀る

社伝によると玉祖命(たまのおやのみこと)がこの地で亡くなったため、社殿を造営して祀ったのがはじまりとされる。神社の近くには玉祖命の墳墓と伝えられる「玉の石屋」がある。平安時代に周防国一宮として朝廷の崇敬を受け、中世以降は歴代の領主から信仰された。

『延喜式神名帳(えんぎしきしんみょうちょう)』には「玉祖神社二座」とあり、一柱は玉祖命であるが、もう一柱は不詳で石凝姥命(いしこりどめのみこと)とする説もある。両神とも日本神話では、岩戸隠れの段に登場し、天孫降臨の段で天降った神である。玉祖命は勾玉を作った神であることからカメラ、レンズ、メガネの関係業者から崇敬を集めている。

お祭り

＜占手神事＞

例祭(9月中旬)の前日、境内の神門前の石畳の上で行われる。神功皇后が三韓征伐の際に当社で軍の吉凶を占ったことに由来すると伝えられる。相撲のような所作を行う神事で、夜の神事、占手相撲とも呼ばれる。山口県指定の無形民俗文化財である。

DATA

住所　山口県防府市大崎1690
電話　0835-21-3915
時間　境内自由
拝観料　無料
定休日　無休
交通　JR防府駅からタクシー8分

マップ

全国一宮巡拝ガイド

<第七章>

淡路・四国編

国造りの神々の神話と伝説に彩られた四国・淡路の一宮を巡拝する

淡路国一宮
伊弉諾神宮
阿波国一宮
大麻比古神社
讃岐国一宮
田村神社
伊予国一宮
大山祇神社
土佐国一宮
土佐神社

淡路国一宮

伊弉諾神宮

【いざなぎじんぐう】

伊弉諾大神の幽宮と伝えられる古社

▶伊弉諾大神の御陵の上に本殿が建つ。

▶中門の奥、社殿に覆われる御陵は石積墳とされる。

▲放生の神池は御陵の周囲の濠の遺構という。

国生みの大神の終焉の地に鎮座する

『古事記』『日本書紀』の冒頭に描かれる伊弉諾尊、伊弉冉尊を祀る。二柱の大神は天沼矛をもって漂える国を「修理固成」せとの神勅により淤能碁呂島に八尋殿を構えて結婚され、淡路島をはじめ四国や九州、本州(大八洲)をお生みになり、次に神々をお生みになった。

そのご神功を果たされた伊弉諾尊は、はじめの島の淡路島へ帰られ、多賀の地に「幽宮」(御神宅)を構え余生を過ごされた。

その幽宮の跡地に御陵を営み、祀られたのが起源と伝わり、『古事記』に「淡路の多賀になも坐す」、『日本書紀』に「幽宮を淡路の洲に構えて」と記されている日本最古の神社である。

伊弉諾大神の御陵の上に本殿が建つ

御陵は古代より禁足の地で、江戸時代まではその前に本殿を構えていたが、明治9年(1876)に新たな造営が行われ、御陵を覆うように整地して基壇を設け、墳丘上に本殿が移され、弊殿、中門、拝殿、表神門が整い、明治18年(1885)に官幣大社に列格された。

伊弉諾大神の墳墓とされる御陵は、累々と石を積み重ねた石積墳であったといわれ、御陵そのものの姿であるが、神のよりしろとしての役目をもっていた可能性もある。放生の神池は御陵の周囲の濠の遺構といわれ、命乞いに鯉、快癒の報賽に亀を放って祈

▶ご神木である夫婦大楠が聳える。

▲巫女による厳粛な舞が奉納される。

▲拝殿も明治15年(1882)に新たに整備された。

▲平成7年(1995)に復興された大鳥居。

願する放生慣習がある。

本殿は弊殿と屋根で連なる三間社流造向拝付、拝殿は銅板葺き入母屋造で舞殿を兼ねている。

大鳥居は平成7年(1995)1月17日の阪神淡路大震災により倒壊したため、同年の秋に現在の鳥居が再建された。

地元の人々に親しまれる古社

伊弉諾神宮は地元では通称「いっくさん」「伊弉諾さん」と呼ばれ、「伊勢へまいらば淡路をかけて淡路かけねばかたまいり」と俗謡に歌われるほど親しまれた存在。

日本のはじまりの島、淡路島。近年は初詣をはじめ、国生み神話ゆかりの聖地として年間通じて多くの方が参拝される。

◐お祭り

<粥占神事(かいうらしんじ)>

1月14日宵から15日朝まで夜を徹して執り行われる平安時代から続く重儀で、釜の中に竹筒を仕込み、伊弉諾大神が黄泉国より逃げ戻るときに桃の実を投げて鬼を祓ったという故事に倣い、桃の枝の薪にて粥を炊きあげ、今年一年の作物の豊凶を占う。

◎ DATA

住　所	兵庫県淡路市多賀740
電　話	0799-80-5001
時　間	境内自由
拝観料	無料
定休日	無休
交　通	高速舞子から高速バスに乗車、伊弉諾神宮前下車(40分)、徒歩すぐ

◉マップ

阿波国一宮

大麻比古神社

【おおあさひこじんじゃ】

霊山大麻山に奥宮峯神社を祀る

▶朱色の大鳥居が参拝者を迎える。

▶拝殿の背後には大麻山が聳える。

▲古代より霊山とされる大麻山。

霊山大麻山に鎮座する

創建は不詳だが、神武天皇の治世に天富命がこの地で神聖な植物とされる麻を栽培したという伝説が残る。古代より大麻山が霊山とされていた信仰の地であった。現在は、県立自然公園でハイキングコースがあり、山頂には奥宮峯神社がある。

楠などの並木の参道両脇には、百基を超える石灯篭が立ち並ぶ。第一次大戦中にドイツ兵約1000人を収容した捕虜収容所もあり、日独交流の史跡が残る。祭神は大麻比古大神と猿田彦大神の二柱を祀る。大麻比古大神は、別名を天太玉命といい、天岩戸神話で榊につける白布を作った神とされている。

◐お祭り

<月並祭>

毎月1日。毎月のはじめに、氏子・崇敬者等の家内安全・商売繁盛と交通安全を祈願する祭り。

<神火大祭>

2月の節分に行われる厄除け招福祈願の行事。氏子崇敬者が願いを込めて納めた祈祷木を神火によって焚き上げる。

◎ DATA

住所	徳島県鳴門市大麻町板東広塚13
電話	088-689-1212
時間	境内自由
拝観料	無料
定休日	無休
交通	JR板東駅から徒歩約20分

◉マップ

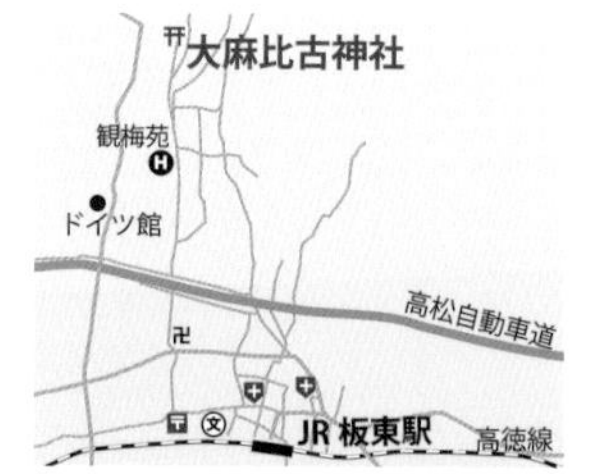

讃岐国一宮

倭迹迹日百襲姫命御手洗地が残る
田村神社【たむらじんじゃ】

▶神池の畔に鎮座する宮島社。天満宮や稲荷社などの摂社も多い。

▶ユーモラスな干支動物の十二支めぐりも楽しい。

▲弊殿と拝殿などの社殿は霊泉・定水大明神の地に造営された。

倭迹迹日百襲姫命と弟神を祀る

古来より信仰の対象となっていた霊泉の深淵「定水大明神」の地に、和銅2年（709）に社殿が造営されたとされる。高松市南部の讃岐平野の松林に囲われた参道を行くと正面に、弊殿・拝殿がある、その奥の本殿と接続する奥殿は宝永7年（1710）に松平氏により建立された。奥殿の床下には深淵があるが、厚板に覆われて見ることはできない。

祭神は、第七代孝霊天皇皇女の倭迹迹日百襲姫命とその弟の五十狭芹彦命ら五柱で、農業の祖神として崇敬を集める。倭迹迹日百襲姫命は、卑弥呼の墓との説がある箸墓古墳（奈良県纏向）の被葬者とされる。

◐お祭り

<秋季例大祭>

10月7～8日に行われる御蚊帳撤神事（おかちょうあげのしんじ）。本殿の蚊帳を徹し、神輿、獅子舞、巫女舞などを奉納し収穫を祝う秋の大祭。

<人形供養>

古くなった雛人形や五月人形、ぬいぐるみなどを燃やして供養するもので、冬至のころに行われる。最近は約4万体もの人形が供養される。

◎ DATA

住所	香川県高松市一宮町286
電話	087-885-1541
時間	境内自由
拝観料	無料
定休日	無休
交通	高松琴平電鉄一宮駅から徒歩約10分

◉マップ

大山祇神社

【おおやまづみじんじゃ】

武運長久の神として武将達の崇敬を集める

▶平成28年に造代された神門。

▲社殿は源氏をはじめとする歴代の武家の棟梁により寄進された。

▲本殿と同様に500数十年前に再建された拝殿は国の重文指定。

国宝・重文の甲冑の8割が集まる

山の神、海の神、戦いの神として歴代の朝廷や多くの武将達から崇敬を集めた神社。武将達が武運長久を祈って数多くの武具を奉納したために、国宝・重要文化財の甲冑の8割がこの神社に集まっている。

由緒によると「神武天皇の東征前に大山積大神の子孫、小千命が瀬戸内海の中央に位置する風光明媚な大三島に大山積大神をお祀りした」とある。大山積大神は『古事記』『日本書紀』によると山の神としている。大山積大神の娘が木花開耶姫で、皇孫瓊々杵尊との間に彦火火出見命が生まれ、彦火火出見命は海神の娘豊玉姫と結婚している。山神と海神の結びつきを表す話であり、大山積大神を祀る大山祇神社が海神と山神を合わせて祀っていることを示している。

越智・河野氏一門により崇敬される

大山積大神は、『伊予国風土記』では、別名を和多志大神ともいう。また地元では、三島大明神とも呼ばれる。大山積大神を大三島に祀ったのは、この神を先祖と仰ぐ伊予国造乎知命（考霊天皇の孫）であるという。そして、その子孫である伊予国の豪族である越智玉純が奈良時代の養老3年（719）に現在の地に社殿を造営したという。

以来、越智氏とその出である河野氏一門によって崇敬されてきた。『延喜式』によると名神大社に列せられ、日本総鎮守大山積大明

▲瀬戸内の島大三島に鎮座する武運長久の神。

▲御田植祭に奉納される一人角力。

▲樹齢2600年を数えるという大楠木が聳える。

▶700年を経て再建された真新しい総門。

神と呼ばれた。

本殿は伊予国中の武士達が合力して造営

越智・河野氏は、10世紀以降になると水軍を率いて瀬戸内においては絶対的な武力を持つようになる。平氏や源氏、さらに歴代の武家の棟梁達は瀬戸内海の制海権を得るために越智・河野氏を懐柔した。越智氏の出である大山祇神社の神主を優遇し、社殿の造営に力を尽くし、領地や武器などを寄進して大山祇神社の保護維持に努めた。

本殿は、足利義満の許可のもとに、天授5年（1379）から応永34年（1427）にかけて、河野氏をはじめとする伊予国中の武士達が合力して、造営を行った。

◐お祭り

<一人角力>

毎年春の御田植祭（旧暦5月5日）と秋の抜穂祭（旧暦9月9日）において、大山祇神社の御浅敷殿と神饌田の間に設けられた土俵で行われる相撲神事。「稲の精霊」と「一力山」による三本勝負で行われ、稲の精霊が2勝1敗で勝つ。稲の精霊が勝つことによって、春には豊作が約束され、秋には収穫を感謝するという神事である。

◎ DATA

住　所	愛媛県今治市大三島町宮浦3327
電　話	0897-82-0032
時　間	境内自由
拝観料	無料
定休日	無休
交　通	JR福山駅からバス52分、大三島バスストップ下車、さらにバス12分、大山祇神社前から徒歩すぐ

◉マップ

土佐神社【とさじんじゃ】

土佐三大祭のひとつが行われる大社

▶社殿は長曽我部元親が再建、国の重文に指定される。

▶雄略天皇4年創建の土佐国一宮土佐神社の御朱印。

▲土佐神社で最も重要な祭礼の志那祢祭。

広大な境内に重文指定の社殿が建つ

高知駅の北東の丘の上に建つ名神大社。1000年ほど前までは、土佐湾の海がすぐ前に見えていた地であるという。御鎮座は大変古く、五世紀後半とされ、『延喜式(えんぎしき)』には「都佐坐神社(とさにいますじんじゃ)」と記されている。

1万坪もある広大な境内に建つ社殿は、元亀元年(1570)に長曽我部元親が再建した国指定重要文化財の本殿、拝殿、幣殿と、山内忠義が寛永8年(1631)に建立した楼門(神光門)、慶安2年(1649)に建立された鼓楼がある。祭神は南大和の葛城山に祀られる味耜高彦根神(あじすきたかひこねのかみ)・一言主神(ひとことぬしのかみ)である。

◐お祭り

<志奈祢祭>

土佐三大祭りの一つとされ、8月24日の忌火祭、宵宮祭、25日の神幸祭と両日を通じて斎行される土佐神社で最も重要な祭礼といわれる。神恩に感謝し、御国の隆昌と世の中の平和を祈願する。神輿渡御や神楽、太鼓の奉納などがあり、夜店が軒を並べて、多くの参拝者で大変な賑わいをみせる。

◎DATA

住所	高知県高知市一の宮2499
電話	088-845-1096
時間	境内自由 (3月12日は境内進入禁止)
拝観料	無料
定休日	無休
交通	JR土佐一宮駅から 徒歩約15分

◉マップ

全国一宮巡拝ガイド

<第八章>

九州編

古代において大陸からの先進文化が花開いた九州の一宮を巡拝する

筑前国一宮
住吉神社

筑前国一宮
筥崎宮

筑後国一宮
高良大社

壱岐国一宮
天手長男神社

対馬国一宮
海神神社

豊前国一宮
宇佐神宮

豊後国一宮
西寒多神社

豊後国一宮
柞原八幡宮

肥前国一宮
與止日女神社

肥前国一宮
千栗八幡宮

肥後国一宮
阿蘇神社

日向国一宮
都農神社

大隅国一宮
鹿児島神宮

薩摩国一宮
枚聞神社

薩摩国一宮
新田神社

琉球国一宮
波上宮

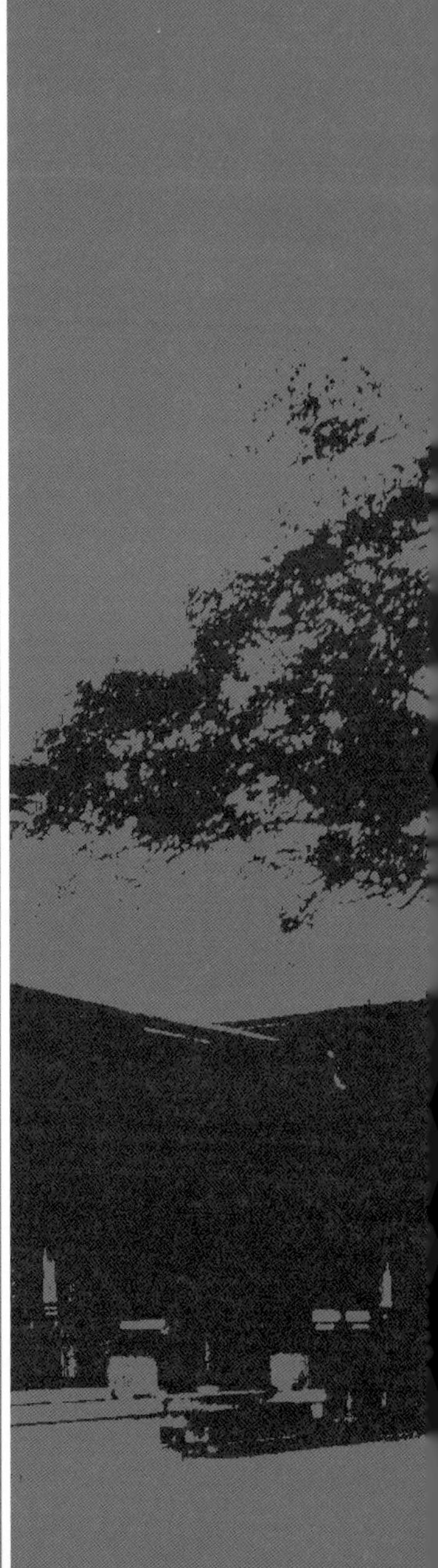

筑前国一宮

住吉神社

【すみよしじんじゃ】

日本で最初の住吉神社と伝わる

▶黒田長政に再建された社殿は国の重文に指定。

▶地域の少年横綱を決める少年相撲も例大祭で行われる。

▲例大祭で行われる勇壮な流鏑馬は鎌倉武士を彷彿させる。

日本三大住吉のひとつ

住吉神社の創建は明らかではないが、社伝によるとおよそ1800年以上前に遡るという。日本神話の神生みの段で、黄泉の国から帰還した伊弉諾命が禊祓を行った「筑紫の日向の橘の小戸の阿波岐原」が住吉神社の地であるとし、その禊祓により底筒男命ら住吉三神が生まれたために筑紫の住吉神社こそが住吉社の始原であるとしている。

全国に2129社ある住吉神社の中で最も古い神社とされ、古書にも筑紫の住吉神社を「住吉本社」「日本第一住吉宮」などと記している。現在では、大阪の住吉大社、下関の住吉神社、そして筑紫の住吉神社を日本三大住吉としている。国史では『続日本紀』の天平9年（737）4月1日の条に筑紫住吉などに使いを遣わしたとあるのが初出である。『延喜式神名帳』では「筑前国那珂郡　住吉神社三座　並名神大」と記載されている。

祭神は住吉三神と天照皇大神、神功皇后

底筒男神、中筒男神、表筒男神の住吉三神を祭神とする。相殿には天照皇大神、神功皇后を配祀し、これを併せて住吉五所大神とも呼んでいる。

住吉神社の御神徳は、住吉三神の禊祓への御出現の由来から「心身の清浄」を以て全ての災から身を護る神として古くから広く信仰されている。また、つつのお（筒男）の「つつ」に

▲一の鳥居をくぐると参道を経て境内へ至る。

▲古代力士像。手相が「力」に見え、手に触ると立身出世するとされるパワースポット。

▲能楽殿は、大阪以西なら住吉と称される名舞台。

▶(公財)日本相撲協会主催　横綱奉納土俵入り。毎年11月の九州場所を前に開催される。

は星の意味があると云われ、航海・海上の守護神としても厚い崇敬を集めている。

大都会福岡の中心に鎮座する

住吉神社は福岡市のほぼ中心、ビルが建ち並ぶオフィス街に位置する。しかし、緑の木立に囲まれた参道や2万6753㎡の社域は都会のオアシス的な存在である。住吉大神をお祀りしている神社のほとんどが海の側にある。古代の博多湾は住吉神社のすぐ前まで海が入り込んでおり、元々の社殿は海に向かって建てられていたという。

現在の本殿は、元和9年(1623)に福岡藩主の黒田長政が再建、国の重要文化財に指定されている。

◐お祭り

<例大祭(相撲会大祭)>

10月12日～14日。神功皇后が渡韓された際、住吉大神の御神徳により無事御帰還されたことに対し感謝され、「相撲」と「流鏑馬」とを以て御神慮を慰められた。これに由来し、稚児行列や流鏑馬、また御縁をもとに5校(住吉、春吉、東住吉、春住、高宮)の小学校による少年相撲が行われ、地域の少年横綱が決定する。

◎ DATA

住所	福岡県福岡市博多区住吉3-1-51
電話	092-291-2670
時間	境内自由
拝観料	無料
定休日	無休
交通	JR博多駅から徒歩約8分

◉マップ

筑前国一宮

筥崎宮

【はこざきぐう】

敵国降伏の神として崇敬を受ける

▶本殿、拝殿は室町時代末期に大内義隆により建立された。

▶実りの秋を迎えて海山の幸に感謝する放生会。

▲元寇の時、蒙古軍が使用したという碇石が置かれる。

応神天皇を祀る日本三大八幡宮の一つ

筥崎宮は筥崎八幡宮とも称し、宇佐八幡宮（大分県宇佐市）、石清水八幡宮（京都府八幡市）とともに日本三大八幡宮のひとつ。

主祭神は筑紫国蚊田の里（福岡県宇美町）で生まれた第15代応神天皇で、天皇の母神功皇后と玉依姫命を配祀する。

創建については諸説あるが、『延喜式』によると筑前国の名神大社に列し「八幡大菩薩筥崎宮」とある。延喜21年（921）に太宰少弐藤原真材が神託を受け、醍醐天皇の勅により「敵国降伏」の宸筆を下賜され、壮麗な社殿を建立し延長元年（923）に筑前国穂波郡大分宮より遷座したといわれている。

創建後は海外交流の門戸の役目も

筥崎宮の創建当時の日本を取り巻く国際情勢は逼迫していた。中国では300年君臨した唐が天祐4年（907）に滅亡し、中国は五代十国の分裂時代に入っていた。

また、朝鮮半島では新羅がその力を失いつつあり混沌とした状況にあった。そうした外圧に対して社殿は朝鮮半島と中国に向いていたという。醍醐天皇の「敵国降伏」の宸筆にはこのような理由があったのである。

創建以降は、朝野を問わず篤い崇敬を集めるとともに、日本と大陸を結ぶ、海外との交流の門戸として重要な役割を果たしてきた。

▶楼門は安土桃山時代に小早川隆景が建立。

▲敵国降伏の神を祀る筑前国一宮筥崎宮の御朱印。

▲特殊な形式の一の鳥居は筥崎鳥居と呼ばれる。

▲締め込み姿の氏子達が集団で玉を競う玉せせり。

名だたる武将達の造営を受ける

創建当初から敵国降伏の神として朝廷から崇敬されてきた筥崎宮は、蒙古襲来により社殿が兵火にかかった。しかし、俗にいう神風が吹き未曾有の国難を乗り切ったことから厄除け・勝運の神としてさらなる崇敬を集めた。

亀山上皇は、安芸・筑前2国によせて造営費にあてた。その後も大内義隆、小早川隆景など歴史に名だたる武将が参詣、寄進を行った。本殿・拝殿は天文15年（1546）に大内義隆が、楼門は文禄3年（1594）に小早川隆景が、筥崎鳥居と称される特殊な形式の一の鳥居は慶長14年（1609）に黒田長政が建立した。

◐お祭り

<玉取祭>

1月3日に行われる。玉せせりと呼ばれ、「玉競り」と書き、文字通り氏子達が集団で玉を競って一年間の吉凶を占う正月行事。男達が締め込み姿で競う姿に、身が凍えるような寒さも吹き飛んでしまいそう。最後に奪った競子が浜側なら大漁、陸側なら豊作に恵まれるといわれている。

◎ DATA

住所	福岡県福岡市東区箱崎町1-22-1
電話	092-641-7431
時間	境内自由
拝観料	無料
定休日	無休
交通	JR箱崎駅から徒歩約5分

◉マップ

筑後国一宮

高良大社

【こうらたいしゃ】

1600年以上の歴史を持ち、朝野の崇敬を集める

▶総こけら葺き権現造りの社殿は国の重要文化財。

▶厄払いの行事、川渡祭は別名、へこかきまつり。

▲古代山城の跡ともいわれる高良山神籠石。

祭神は延命長寿、芸能、厄除に御神徳

久留米市の東部、高良山に祀られている。仁徳天皇55年（367）または78年（390）の鎮座、履中天皇元年（400）創建と伝えられる。『延喜式神名帳』には「高良玉垂命神社」と記載され、名神大社に列している。

国指定重要文化財の社殿は万治3年（1660）の総こけら葺の権現造りで、和様と天竺様の折衷という造り。また、境内には国の天然記念物孟宗金明竹の竹林がある。祭神は高良玉垂命、八幡大神、住吉大神の三座を祀る。高良玉垂命は大和の王権が及ぶ前からこの地に祀られていた古来よりの神であると考えられる。

◐お祭り

<川渡祭>

6月1日に行われる「へこかきまつり」と呼ばれる厄払いの行事。赤い肌着に肩掛け姿の厄年を中心とした人が無病息災を願い、茅の輪をくぐる。

<例祭>

「高良おくんち」とも呼ばれる秋祭り。10月9～11日の3日間盛大に行われる。

◎DATA

住所	福岡県久留米市御井町1
電話	0942-43-4893
時間	境内自由
拝観料	無料
定休日	無休
交通	JR久留米大学前駅から徒歩約40分

●マップ

天手長男神社

【あまのたながおじんじゃ】

神功皇后の三将三韓征伐ゆかりの神社

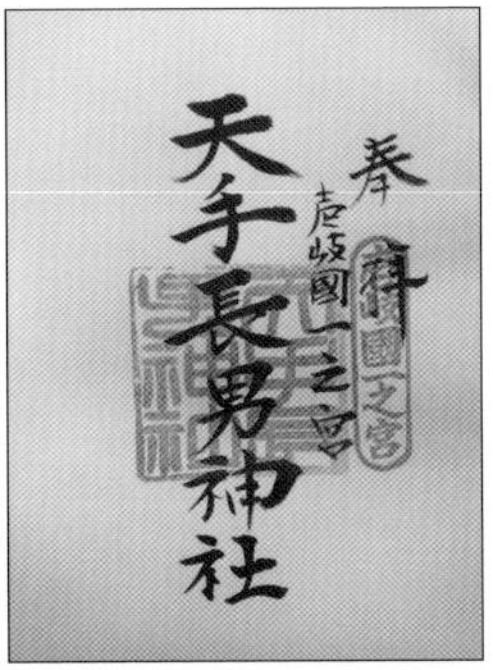

▶壱岐国一宮天手長男神社の御朱印。

▲素朴だが清らかな社殿に祭神を祀る。

▲神功皇后が凱旋した時に鎮座した古社。

神功皇后凱旋の時に鎮座

『宗像大菩薩御縁起』によれば、神功皇后の三韓征伐に際し、宗大臣（宗像大社の神）が「御手長」という旗竿に武内宿禰が持っていた紅白2本の旗をつけ、これを上げ下げして敵を翻弄し、最後に息御嶋（宗像の沖ノ島）にこの「御手長」の旗を立てたという。天手長男・天手長比賣の社名はこの「御手長」に由来するという。

境内は、小高い丘の上にあり石段を登ると素朴な社殿が建つ。祭神は天忍穂耳尊、天手力男命、天鈿女命を主祭神とする。また、式内名神大社の「天手長比賣神社」、式内小社の「物部布都神社」を合祀している。

◐お祭り

<例祭・その他>

毎年10月13日に行われる。神幸式、大神楽、大神楽奉奏がある。また、特殊神事として12月16日の報賽祭では神楽が舞われる。さらに6月16日には、玄界灘の絶海に浮かぶ島らしく風止五穀成就祈願祭が行われる。

◎DATA

住　所	長崎県壱岐市郷ノ浦町田中触730
電　話	0920-47-5748
時　間	境内自由
拝観料	無料
定休日	無休
交　通	郷ノ浦港からタクシー15分

◉マップ

海神神社

【わだつみじんじゃ】

航海と漁業の安全を司る国境の古社

▶神功皇后が三韓征伐の帰路に祭祀したのがはじまりという古社。

▶古式大祭では3体の神輿を御旅所に運ぶ。

▲鳥居の前には神の使いである狛犬が置かれる。

聖域・木坂山（伊豆山）に鎮座する

対馬の中心地・厳原から北へ約40㎞の場所に海神神社がある。はじまりは、社伝によると神功皇后が三韓征伐からの帰途、新羅を鎮めた証として旗八流を上県郡峰町に納めたことに由来するという。

その旗は後に現在地の木坂山（伊豆山）に移され、古くは木坂八幡宮と呼ばれていた。

また、仁徳天皇の時代には木坂山に発生した奇雲烈風が日本へ攻めてきた異国の軍船を沈めたとの伝承もある。

木坂山全体を神域とし、木坂山の別名である伊豆とは「稜威」「厳」を指し、不浄を許さない聖域を意味するという。

海神と八幡神の両者を祀る神社

『延喜式』には上県郡の名神大社和多都美神社の名で記載されている。神社の由来によると主祭神に豊玉媛と鵜茅草葺不合命、神功皇后と応神天皇の2組の母子神を祀る。前者が海神で後者が八幡神で和多都美八幡といわれる理由はここにあるようだ。

本社の祭神は本来5座でもう1座は宗像大社の祭神として知られる女神の道中貴ノ神、相殿には彦火火出見尊を祀る。

主祭神の豊玉媛の父神、海神豊玉彦命は上県郡佐護から伊奈崎の宮に移したが清水がないために厳石深山の木坂伊豆山に宮殿を造り海宮と呼んだという伝承がある。この竜

▲本土と大陸の中間、対馬に鎮座する古社。

▶広大な社域には大きな樹木が鬱蒼と茂る。

▲境内は石段を登りつめた岡の上に位置する。

▶鳥居を潜り、石段を登ると社殿がみえる。

宮に彦火火出見尊が3年留まり豊玉媛を娶ったという。

日本と大陸のかけ橋・対馬

海神神社の社殿は木坂山(伊豆山)の中腹、280段の石段を上がったところに建つ。広大な境内と社域には大きな樹木が鬱蒼と茂り、山上は雲気を呼ぶ霊域である。

社頭からわずかに降れば飛崎の鼻は西北に突出し、その先には朝鮮海峡が広がっている。

対馬はもと津島と呼ばれ、朝鮮半島は目と鼻の先である。対馬はいわば日本の西の端の軍事拠点として、さらに日本と朝鮮半島を結ぶ古代文化の中継地点として重要な位置にあった。

◐お祭り

<古式大祭>

9月12日。神幸式では神官や氏子衆らが3体の神輿をお旅所に運ぶ神事を厳かに執り行い、家内安全や大漁、五穀豊穣を祈願する。神輿をお旅所に移す「お下り」には白装束に黒い烏帽子を被った神官や氏子衆約70人が神輿を担いで約300段ある石段を下り、3体の神輿を海辺のお旅所に運ぶ。

◎ DATA

住所	長崎県対馬市峰町木坂247
電話	0920-83-0137
時間	境内自由
拝観料	無料
定休日	無休
交通	対馬空港からタクシー60分

◉マップ

豊前国一宮

宇佐神宮

【うさじんぐう】

全国で4万を越える八幡宮の総本社

▶第一殿から第三殿にいたる三棟からなる本殿は国宝に指定される。

▶祈祷殿の前には大楠が天に向かい聳える。

▲緑の木々に包まれ清らかな空気が満ちた参道。

応神天皇の御神霊を祀る

全国約4万6千社あまりの八幡様の総本宮。全国には約11万の神社があるといわれるが、八幡宮はその内の半数に迫る数で、いかに八幡宮が古くから多くの人々に親しまれ、お祀りされてきたかを物語るようだ。

宇佐神宮の祭神八幡大神は第15代応神天皇（在位270～310）のご神霊で、欽明天皇の御世571年にはじめて宇佐の地に示現されたといわれている。応神天皇は三韓征伐で有名な神功皇后の皇子で、大陸の文化と産業を輸入し、新しい国づくりを行った天皇とされている。神亀2年（725）に聖武天皇の勅願により現在の地に社殿を造営し、八幡神を祀ったのが宇佐神宮の起源とされる。

皇室や武士達の崇敬を集める

宇佐神宮が鎮座する宇佐の地は、畿内や出雲と同様に古くから開けたところで、『日本書紀』によると神代に比売大神（多岐津姫命・市杵嶋姫命・多紀理姫命の三神）が宇佐嶋に降臨されたとの記述がある。比売大神はこの地で地主神として祀られ崇敬を集めてきた。宇佐神宮創建の8年後の天平5年（733）に二之御殿が造営され、この比売大神が祀られた。そして、弘仁14年（823）には応神天皇の母・神功皇后を祀る三之御殿が造営されている。

皇室と朝廷は伊勢神宮

▶宇佐鳥居は額束がなく台輪を柱上に置いた独特の形式。

▶毎年8月1日に行われる流鏑馬神事。

奉拝
八幡総本宮
宇佐神宮
令和五年一月一日

▲八幡宮の総本宮豊前国一宮宇佐神宮の御朱印。

▲朱塗りの外観が美しい勅使門と呼ばれる南中楼門。

に次ぐ第二の宗廟として宇佐神宮を篤く崇敬し、奈良東大寺大仏建立や道鏡事件における勅使和気清麻呂への神託など、国家の大事に度々そのご神威を顕している。その後は、武運の神「弓矢八幡」として、清和源氏をはじめ全国の武士達の崇敬を集め、また、一般の人々にも鎮守の神として広く親しまれている。

三神のご神徳で多彩な御利益

宇佐神宮は、八幡大神（応神天皇）、比売大神（多岐津姫命・市杵嶋姫命・多紀理姫命）、神功皇后の三座が合わせもつご神徳で、武運の神、学問芸術の上達の神、財運の神、航海安全の神、安産の神など多彩なご利益で知られている。

◐お祭り

＜例祭＞
3月18日。皇室より幣帛を賜り行われる最も重要な祭典。多くの参列者の中、浦安の舞、直会が行われる。

＜御神幸祭＞
7月31日から8月2日までの3日間。一般に夏越大祭と呼ばれ、3基の神輿が頓宮へ渡御する。出御(お下り)・還御(お上り)の行列は華麗である。

◎ DATA

住所	大分県宇佐市南宇佐2859
電話	0978-37-0001
時間	境内自由
拝観料	無料
定休日	無休
交通	JR宇佐駅からタクシー 5分

◉マップ

豊後国一宮

西寒多神社【ささむたじんじゃ】

心の安定・安心にご利益のある古社

▶本殿をはじめ社殿は流造りの形式。

▶森の中に佇む拝殿。国幣中社として西日本一円に知られる。

▶3年に一度行われる春の神幸祭。神輿が神社を出発する。

天照大神とされる西寒多大神を祀る

応神天皇9年(278)に武内宿弥(たけちのすくね)が勅命により、本宮山山麓に社殿を建立したと伝えられ、応永15年(1408)に現在地に遷座した。大友氏の崇敬が厚く、大友宗麟の印章など武将の宝物が多い。柞原八幡宮(ゆすはらはちまんぐう)と豊後一の宮を争った記録もある。

8千坪を越える境内に流造の社殿が建つ。祭神の西寒多大神(ささむたのおおかみ)は、天照大御神(あまてらすおおみかみ)・月読尊(つくよみのみこと)・天忍穂耳命(あめのおしほみみのみこと)の三柱の総称として呼ばれる。ご利益は諸願成就だが、昨今は月読命の心の安定・安心のご神徳で、多くの参拝者を集めている。境内神苑に咲く、名木の藤やツツジ、紅葉も見事。

◐お祭り

<藤祭り>

境内にある樹齢150年の藤が四方に張り出した枝に咲き競い、多くの花見客でにぎわう。4月中旬から下旬が見頃。

<卯日祭>

旧暦11月中卯日に、33年に1回行われ、祭神の神衣を新調して奉る御神衣祭がある。御神衣の奉納に預かる家々の代表が願主となり、その時々の神職により神事が行われる。

◎ DATA

住所	大分県大分市寒田1644
電話	097-569-4182
時間	境内自由
拝観料	無料
定休日	無休
交通	JR大分駅からバス約35分、西寒田下車すぐ

◉マップ

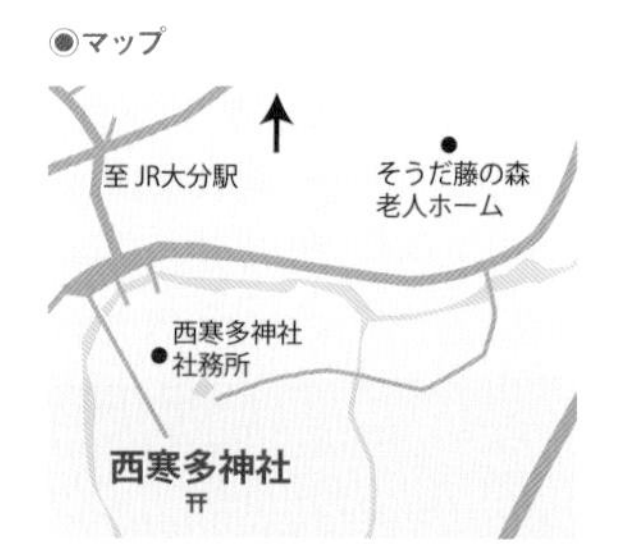

豊後国一宮

柞原八幡宮
【ゆすはらはちまんぐう】

華麗な社殿は荘厳な雰囲気

▶金白檀小札浅葱糸威腹巻は、室町末期の腹巻を代表する一級品。

▲神輿渡御や神楽奉納が行われる仲秋祭(浜の市)。

▲本殿は朱塗りの回廊をもつ八幡造りの建築物。

戦の神として武将の信仰を集めた

天長4年(827)に宇佐神宮から勧請を受けたと伝えられる古社で、祭神として、応神天皇、仲哀天皇、神功皇后を祀る。古くは戦いの神として崇敬を集めていた。本殿をはじめ10棟の建築物、6点の宝物が国指定の重要文化財に指定されている。

鬱蒼とした杉林の広い境内には、朱塗りの回廊をもつ江戸中期に建てられた壮麗な本殿があり、数少ない八幡造りの建築物として知られている。参道途中には天然記念物の樹齢約三千年のご神木の楠があるほか、大友氏の時代にポルトガル人が植えたと伝えられる「ホルトの木」がある。

◐お祭り

<仲秋祭>

9月14日から20日に行われる神事で「浜の市」と称された。14日に氏子の奏する渡り拍子の中を、神輿3基がお旅所の仮宮に渡御する。中日には「放生会」の神事が行われ、期間中には神楽の奉納や花火大会などが行われる。起源は大友能直が豊後守護となった鎌倉時代初期まで遡れるという。

◎ DATA

住所	大分県大分市大字八幡987番地
電話	097-534-0065
時間	8:30 ～ 16:30
拝観料	無料(宝物殿は大人300円、小人100円、要予約)
定休日	無休
交通	JR大分駅からバス約25分、柞原下車徒歩約5分 駐車場50台

◉マップ

肥前国一宮

與止日女神社【よどひめじんじゃ】

「淀姫さん」の呼び名で親しまれる古社

▶海神の娘である豊玉姫を祀る神社。

▶元寇では神霊が蒙古の軍船を沈めたと伝わる。

▲秋の深まりとともに境内も紅く色付く。

海神の娘を祀る古社

別名河上神社、俗に「淀姫さん」と呼ばれ、海幸山幸神話の海神の娘である豊玉姫(とよたまひめ)が、淀姫とされる。欽明天皇25年(564)の創始とされる古社で、二条天皇の応保年間(1161～63)に肥前国一宮とされた。肥前国にはもう一社一宮とされる千栗八幡宮(ちりくはちまんぐう)があるが、当社との間に一宮争いが生じ、その争いは60年続いたという。

祭神は、與止日女大神(よどひめのおおかみ)で、淀姫とも、豊姫ともいわれ、豊姫は、神功皇后の三韓征伐を助けた世田姫という神と同じといわれている。元冠の弘安の役では、神霊が蒙古の軍船を沈めたといい伝えられている。

◐お祭り

＜例祭＞

毎年4月18日に春季例祭、11月18日に秋季例祭(新嘗祭)が行われる。肥前一宮らしく、氏子をはじめとする多くの参拝者で賑わう。

◎ DATA

住所	佐賀県佐賀市大和町川上1-1
電話	0952-62-5705
時間	境内自由
拝観料	無料
定休日	無休
交通	JR佐賀駅からバス約30分、川上橋下車徒歩約3分

◉マップ

肥前国一宮

蒙古襲来に神威を発揮
千栗八幡宮

【ちりくはちまんぐう】

▲カビの生え具合で占うお粥占いを行うお粥堂。

▶一の鳥居は領主の鍋島直茂の寄進という。

▲石段を登りつめた場所に社殿が建つ。

八幡大神の神託により創始

古代より河川交通の要衝であり、神功皇后も三韓征伐の折に駐留したと伝えられる地に、郡司壬生春成（みぶのはるなり）が八幡大神の神託により創始。聖武天皇の勅により社殿を造営した。平安時代には、肥後の藤崎宮などとともに「五別所宮」に定められ勢力を伸ばし、蒙古襲来に神威を発揮した。戦国末期に鍋島直茂により復興され、後陽成天皇に勅額を賜っている。

千栗山全体の1万坪を超える広大な神域、石段の参道を登った先に社殿が立ち並ぶ。応神天皇を祭神とし、仲哀天皇（ちゅうあいてんのう）と神功皇后も祀る。筑後平野の穀倉地帯にあり、五穀豊穣の崇敬を集めている。

◐お祭り

＜御粥祭＞

毎年3月15日に行われる創始以来1200年の歴史をもつと伝えられる粥占いの神事。2月26日に神殿に献上された米で粥を炊き、そのカビの生え具合から、肥前、肥後、筑前、筑後の四国の1年間の天候や地震、農作物の吉凶を占う。

◎ DATA

住　所	佐賀県三養基郡みやき町千栗
電　話	0942-89-5566
時　間	境内自由
拝観料	無料
定休日	無休
交　通	JR久留米駅からバス約10分、千栗八幡宮前下車すぐ

◉マップ

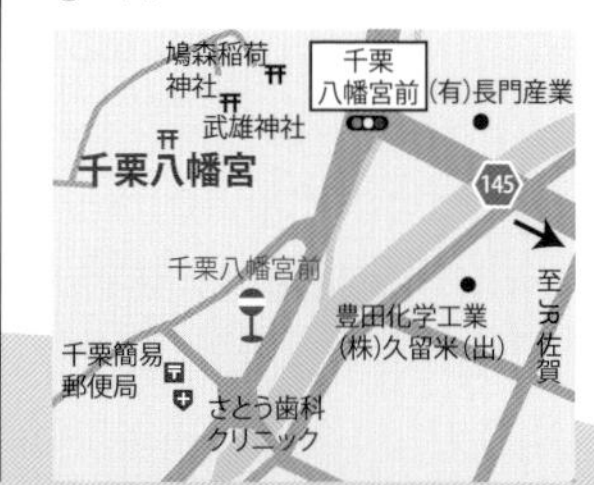

肥後国一宮

阿蘇神社

【あそじんじゃ】

火山信仰を背景に崇敬をあつめてきた古社

▶高さ18mの楼門は九州最大の規模を誇る。（平成28年熊本地震で全壊、災害復旧工事中）

▶神殿をはじめ6棟（江戸時代末期の再建）は国重要文化財。

▶阿蘇火口をご神体とする阿蘇神社の御朱印。

神武天皇の孫の健磐龍命を祀る

阿蘇を開拓した健磐龍命（たけいわたつのみこと）をはじめ家族神12神を祀る。古来、阿蘇山火口をご神体とする火山信仰と融合し、肥後国一の宮として崇敬をあつめてきた。境内の社殿群は、天保6年（1835）から嘉永3年（1850）にかけて、当時の熊本藩によって再建されたもので、神殿や楼門など6棟は国の重要文化財に指定されている。

平成28年（2016）に起きた熊本地震により楼門および拝殿などが倒壊するなど甚大な被害を受けた。その後、懸命な災害復旧工事が進められ、令和5年中の完了見込みとなっている。

◐お祭り

＜御田植神幸式＞

俗に「おんだ」と呼ばれ、7月28日に4つの神輿が田歌を歌いながら、青田を練り歩く。

＜春祭＞

3月申の日に、阿蘇に春を告げる火祭り「火振神事」が行われる。

◎ DATA

住　所	熊本県阿蘇市一の宮町宮地3083-1
電　話	0967-22-0064
時　間	9:00 ～ 17:00（授与所）
拝観料	無料
定休日	無休
交　通	JR宮地駅から徒歩約15分

◉マップ

阿蘇神社
阿蘇神社入口
阿蘇税務署
熊本地方裁判所
11
常楽寺
熊本日日新聞社
一の宮図書館
一の宮郵便局
宮地駅前
仙酔峡入口
JR宮地
豊肥本線
57

日向国一宮

都農神社

【つのじんじゃ】

神武東遷の際に祭祀した神社

▶神武天皇が祭祀を行ったと伝わる古社。

▲社殿を取り巻く緑が西神池に映える。

▲歴代の高鍋藩主が社殿を寄進。現在の社殿は平成19年(2007)に新しく造営された。

神功皇后も船団の守護神とする

都農町一帯には縄文から古墳時代にいたる遺跡が多数残り、都農神社も土地の守護神として太古から祭祀されていたと思われる。社伝によると神武天皇が東遷に向かう際に祭祀を行った場所とされ、さらに神功皇后が三韓征伐に際して船団の守護神として祀り、凱旋後に社殿を建立したのを起源とすると伝える。

その後は、在地領主からも崇敬を受け、戦国期には伊東義祐(いとうよしすけ)によって社殿が造替され、さらに江戸時代には歴代の高鍋藩主から崇敬され、社殿造営がしばしば行われた。祭神は大国主命(おおくにぬしのみこと)の別名で知られる大己貴命(おほなむちのみこと)を祀る。

◐お祭り

<例大祭>

冬祭りは12月4,5日、夏祭りは8月1,2日に行われる。神輿や太鼓台が「チョーサイナ、ソーラヤーレ」のかけ声とともに町内を練り歩き、「ケンカ太鼓台」などで大いに賑わう。殖産農耕、漁業航海、縁結び、子孫繁栄など大己貴命のご神徳を祈願する。

◎ DATA

住　所	宮崎県児湯郡都農町川北13294
電　話	0983-25-3256
時　間	境内自由
拝観料	無料
定休日	無休
交　通	JR都農駅からタクシー5分 東九州自動車道都農ICから車5分

◉マップ

大隅国一宮

鹿児島神宮

【かごしまじんぐう】

彦火火出見尊を主神とする格式高い大社

春のひと時境内は美しい桜に彩られる。

20頭以上の飾り馬が出場する初午祭。

天井の格子に描かれた草花や野菜。中にはメロンやサボテンの花もある。

彦火火出見尊の宮殿を神社に

社伝によると祭神の彦火火出見尊の宮殿・高千穂宮を神社としたのがはじまりという。神社の北西13㎞の地点にその彦火火出見尊の御陵とされる高屋山上陵がある。

正史での初出は、醍醐天皇の時世に編集された三大格式のひとつ『延喜式』（平安中期の905年に編集開始、927年に完成、967年から施行された）による。そこには大隅国には5座が記帳され、鹿児島神宮は「鹿児嶋神社」の名で大社に列している。

平安時代からは八幡神を合祀

中世以降は大隅・薩摩・日向三国中随一の大社として、その高い格式から桑幡氏、留守氏などの有力国人をその神職に輩出している。また、大宰府都督大江匡房の寛治2年（1088）の勘文には国家の宗廟と尊称されていて、朝廷からの崇敬の篤さを物語っている。

平安時代に大分の宇佐八幡が九州各地に別宮を作ったのにともない、八幡神が合祀され「正八幡宮」「大隅八幡宮」などと称された。ちなみに「正八幡宮」と名乗ることで、全国の八幡神社の総本社である宇佐八幡宮に対して、こちらが正式な八幡神社であることを主張していることになる。

これは、8世紀に起きた大規模な隼人族の叛乱の際に、朝廷がその懐柔策として大量の宇佐地方の秦

▲極彩色と天井絵で飾られた美しい拝殿内部。

▶鹿児島神宮に所蔵される大袖付紺糸威鎧兜。（国重要文化財）

▲入母屋造りの本殿は江戸時代中期に再建された県内最大の木造建築。

▶武家の信仰の篤さを物語る所蔵品・大袖付色々威胴丸兜。（国重要文化財）

氏系氏族を大隅に移民させたことに要因しているとも考えられている。

戦国時代から江戸時代には地元の大名である島津氏の崇敬を受け、明治28年（1895）に官幣大社となった。

山幸彦・海幸彦を祀る総本宮

彦火火出見尊（山幸彦）とその后神の豊玉比売命、および八幡神を合祀した関係から帯中比子尊（仲哀天皇）・息長帯比売命（神功皇后）・品陀和気尊（応神天皇）・中比売命（応神天皇の皇后）を祭神とする。

当社は、山幸彦と海幸彦を祀る総本宮でもある。なお、海幸彦は古代、南九州に勢力を持った隼人の祖ともいわれている。

◐お祭り

<初午祭>

牛馬の安全や五穀豊穣などを祈願する初午祭。鹿児島神宮の初午祭は「鈴かけ馬踊り」と呼ばれる珍しい風習で毎年20万人以上の観客を集める。たくさんの鈴の連なった胸飾り、花や錦などで飾った鞍を付けた馬が鐘、太鼓、三味線などの音楽に合わせて、軽快に足踏みして踊る姿が楽しく、賑わいをみせている。

◎ DATA

住　所	鹿児島県霧島市隼人町内2496
電　話	0995-42-0020
時　間	境内自由
拝観料	無料
定休日	無休
交　通	JR隼人駅から徒歩約15分

◉マップ

薩摩国一宮

枚聞神社

【ひらききじんじゃ】

美しい開聞岳の麓に鎮座する古社

▶社殿は島津氏の庇護を受けて再興した。

▶松梅の蒔絵で飾られた女性の化粧箱は国の重文に指定。

▶本殿内部を飾る登り竜の柱・龍柱。

航海神として崇められる

薩摩半島の東南端に突出している標高924mの美しい姿の開聞岳（かいもんだけ）の麓に鎮座する。創始の年代は社伝でも不明だが、ヒラキキ岳と呼ばれた開聞岳をご神体とする古い歴史をもつ神社と考えられる。『日本三代実録』の貞観2年（860）3月の条に記されていることから少なくとも1200年以上の歴史がある。

戦国時代は島津氏の有力家臣であった頴娃（えい）氏の庇護下にあったが、戦火で社伝を焼失、しかし、すぐに島津氏の庇護を受けて再興した。祭神は大日孁貴命（おおひるめむちのかみ）を主祭神に五男三女神を配祀、航海神としても崇められる。

◐お祭り

<ほぜ祭り>

10月14日～16日に行われる祭礼。極彩色に彩られた本殿を持つ枚聞神社で開催される。14日に古伝神舞が奉納される他、16日には神輿渡御が行われ、騎馬武者を先頭に、猿田彦や稚児などが町中を練り歩き、午後にはほぜ相撲大会などが行われる。

◎DATA

住所	鹿児島県指宿市開聞十町1366
電話	0993-32-2007
時間	境内自由
拝観料	無料
定休日	無休
交通	JR開聞駅から徒歩約10分

◉マップ

薩摩国一宮

新田神社

【にったじんじゃ】

瓊瓊杵尊の御陵と一体となった神社

▲入梅前の日曜日に行われる御田植祭。

▲春のひと時、参道は桜の花に包まれる。

▲瓊瓊杵尊の御陵を祀ったのが起源とされる神社。

瓊瓊杵尊が崩御まで居住

社伝によると瓊瓊杵尊（ににぎのみこと）の御陵を祀ったのが創始とされ、瓊瓊杵尊と天照大神、天忍穂耳尊（あめのおしほみみのみこと）を主祭神とする。この地は、瓊瓊杵尊が高千穂・笠狭宮をへて都を遷し、立派な台を築き、高城千台宮と称して崩御まで居られた場所と伝わる。

江戸時代までは八幡神田宮と称し、武士の守護神として、島津氏に尊崇を受けた。明治7年（1874）明治天皇の裁可をえて可愛山陵が「瓊瓊杵尊陵」の指定を受け、新田神社の鎮まる神亀山の5分の4が陵墓の領域となった。今は宮内庁の事務所がおかれ管理している。

◐お祭り

＜御田植祭＞
入梅前の日曜日に行われ、御田植祭に伴う芸能として、「奴振」が奉納され豊作を祈念する。

◎DATA

住所　鹿児島県薩摩川内市宮内町1935-2
電話　0996-22-4722
時間　境内自由（授与所・御祈願等受付は9時～16時）
拝観料　無料
定休日　無休
交通　JR川内駅からタクシー10分

◉マップ

琉球国一宮

波上宮

【なみのうえぐう】

琉球八社の最上位に位置する神社

▶景勝地としての崖端に建つ御社殿。

▶例大祭に合わせて行われるなんみん祭では神輿が出る。

▶狛犬の代わりのシーサー。

ニライカナイの神々に祈った聖地

祭神は伊弉冉尊、速玉男尊、事解男尊の熊野権現を祀る。隣接する琉球王府の祈願所護国寺を別当寺として、琉球八社の最上位とされた。『波上宮略記』によると、遙か昔、人々が彼方の海神の国（ニライカナイ）の神々に豊穣や平穏を祈った聖地が、波上宮の鎮座する波の上の崖端で、拝所として日々の祈りを捧げたのにはじまるとする。

波上宮は太平洋戦争末期の沖縄戦で灰燼に帰した。しかし、昭和28（1953）に本殿、その後、拝殿が再建。平成5年（1993）に正遷座祭が催行された。社殿は明るく青い海に面した絶壁の上に朱塗りの美しい姿をみせる。

◐お祭り

<なんみん祭>

5月17日の例大祭とその前後の土日に行われる行事。神幸祭、沖縄角力大会、琉球舞踊、演舞大会、のど自慢大会、ビーチ綱引きなど様々な催しが行われる。

◎ DATA

住所	沖縄県那覇市若狭1-25-11
電話	098-868-3697
時間	境内自由
拝観料	無料
定休日	無休
交通	ゆいレール県庁前駅から徒歩約15分

◉マップ

コラム

神社のご利益を知る ③

～金刀比羅様・秋葉様・東照大権現～

漁業の神・金刀比羅様、火伏せの神・秋葉様、そして徳川家康公を祀る東照大権現を知ろう。

金毘羅様【こんぴらさま】

「海上安全」「大漁祈願」「五穀豊穣」

古くから庶民に「こんぴらさん」の呼び名で親しまれる。総本社は香川県琴平町にある金刀比羅宮。主祭神は大物主神（おおものぬしのかみ）。国造りを行っていた大国主神（おおくにぬしのかみ）がともに働いていた少彦名神（すくなびこなのかみ）が途中で別の国に去ってしまい途方に暮れていたところ、海の彼方から現れた神様とされる。この時、大国主神に向かって「私はあなたの和魂（にぎたま）である」と答えたという。「和魂」とは、神がもつ優しく平和的な側面のことで、雨や日光の恵みなどが「和魂」とされる。ちなみに「和魂」と反対の側面が「荒魂（あらたま）」で、神の荒々しい側面、あらぶる魂で、天変地異を引き起こし、病を流行らせたりする。大物主神は琴平山を日本経営の本拠地として、中国、四国、九州を統治して、その後、この地で亡くなったという。大物主神が海を渡って現れたため、海上安全、大漁祈願、さらに農業、産業、医療など幅広い分野にご神徳がある。

秋葉様【あきはさま】

「火災消除」「工業発展」

古くから火伏せの神として崇敬され、全国各地の神社に祀られるのが秋葉様。総本宮は静岡県浜松市の秋葉山本宮秋葉神社である。祭神は火之迦具土大神（ひのかぐつちのおおかみ）で、『古事記』『日本書紀』の両方に登場する。火之迦具土大神は国生みの神である伊弉諾尊（いざなぎのみこと）と伊弉冉尊（いざなみのみこと）の子で、生まれながらにして火に包まれており、出産時に母親である伊弉冉尊に火傷を負わしてしまい、これがもとで伊弉冉尊は死亡してしまった。伊弉諾尊は大いに怒り、火之迦具土大神を剣で殺してしまったという。その後、火之迦具土大神は火を司り、悪火を鎮める神様として祀られるようになった。愛宕神社や野々宮神社の祭神としても祀られている。火は人が生活をする上で必要不可欠なもの。そのために秋葉様は幅広い信仰を集めた。さらに、源頼義や武田信玄などの武将も秋葉様を崇敬した。火災消除の他、工業発展、商売繁盛のご神徳がある。

東照大権現【とうしょうだいごんげん】

「出世開運」「商売繁盛」

日光東照宮を頂点に全国に約130社ある東照宮の祭神「東照大権現（とうしょうだいごんげん）」とは徳川家康公のことである。家康公は尾張国の小大名松平氏の子として生まれ、幼少の頃より駿府の今川家の人質に出され、成人してからは織田信長、豊臣秀吉の下で忍耐の日々を送った。しかし、慶長20年（1615）の大阪夏の陣で豊臣氏を滅ぼし、晴れて天下人となり徳川300年の礎を築いた家康公は死して神となった。家康公の「自分が死んだらまず駿府の久能山に葬り、一周忌を経た後、日光山に移せ。そうすれば自分の神霊が日光の地に長く留まり、末長く国家を擁護し、子孫を守るだろう」という遺言に従って日光東照宮に祀られた。東照宮はその後、第3代将軍・家光らによって国家鎮護を願う分社が全国へ広げられた。生前の家康公にあやかり、出世開運、商売繁盛などのご神徳で知られる。また、「東照」を薬師如来に繋げることから、諸病平癒にもご利益があるとされる。

正しくお参りをしよう

神社の正式参拝の仕方

神道でとても大切とされる「清浄」という言葉。清浄とは簡単にいえば「清らかさ」のことをいう。神社に参拝することは、神様の持つ絶対的な力で心も体も清浄していただくことなのである。しかし、正式なお参りの方法は意外と知られていない。一宮にお参りするにあたり正しい参拝方法を実践すれば、一層のご神徳を感じることができるだろう。

①鳥居は一礼してからくぐる

鳥居は俗界と神様のいる聖域との境を示すもの。鳥居をくぐるといよいよ神社の神域に入ることとなる。神様に敬意を表して一礼してくぐる。参道上に幾つもの鳥居がある場合は、段階を踏んで神聖な場所に近づく意味があるので一の鳥居から順番にくぐるのが作法。もちろん、二の鳥居、三の鳥居でもくぐる前に一礼する。

②参道を歩く時は中央を避ける

意外と守られていないのが参道を歩く時の作法。参道の中央は「正中」と呼ばれる神様が通る道。参道を進む時、人は中央を避けて左右どちらかの端を歩くのが作法とされる。もし、祭礼や初詣などで込んでいる場合は神社の指示や人の流れに従う。

③橋を渡る意味

神社によっては、参道に橋が設けられている場合がある。池に橋がかけられている神社もあれば、池や小川もないのに橋がかけられている神社もある。こうした橋にもきちんとした理由がある。人が神様に近づくには「清浄」になることが大切。実は橋を渡るたびに禊をして身を清めていることになるのだ。

⑥続いて、「二礼二拍手一礼」をする

拝殿・本殿を向き、深く2回お時儀をする。次に胸の高さで手を合わせ、2回拍手をする。この時に普段の暮らしに感謝する祈りを行い、名前と住所を伝えて祈願の言葉を唱える。最後に願いを聞いてもらった感謝の気持ちを込めて1回深くお辞儀をする。

↑

⑤参拝所では、先ずお賽銭を入れて、鈴を鳴らす

お賽銭は神様へのお供え物。自分の気持ちに見合う額を納める。ここで大切なのが勢いよくお賽銭を投げいれるのではなく、そっと入れること。たとえ賽銭箱が遠くても乱暴に投げ入れることは神様に対して失礼にあたる。もし、鈴があればお賽銭を入れた後に鳴らす。

↑

④手水舎では、「左手→右手→口」の順に清める

手水舎は参拝前に心身の穢れを流し、清める場所である。作法は、先ず右手に柄杓をもち左手に水をかけて清め、次に左手に柄杓をもち右手に水をかけて清める。そして、右手に柄杓をもち直し、左の手のひらに少し水をためて口をすすぐ。

コラム

神社のご利益を知る ④

～春日様・天神様・恵比寿様～

国家鎮護の神・春日様、学問の神・天神様、そして庶民から親しまれる恵比寿様を知ろう。

春日様

【かすがさま】

「開運厄除け」「家内安全」「旅行安全」

春日の神を祀る神社は全国に3000社、その総本社が奈良の春日大社である。春日大社は奈良時代の神護景雲2年（768）に平城京の守護と国家繁栄を祈願して造られたため、全国から強い神々が迎え入れられた。茨城県の鹿島神宮から武甕槌命（たけみかづちのみこと）、千葉県の香取神宮から経津主命（ふつぬしのみこと）、大阪府の枚岡神社から天児屋根命（あめのこやねみこと）と比売神（ひめのかみ）が迎えられた。この4神を総称して春日皇大神という。大化の改新の功臣・中臣鎌足を祖とする藤原氏は、奈良朝から平安朝まで為政者として君臨したが、この春日大社を氏神として崇敬を捧げてきた。武甕槌命と経津主命は、天照大御神の命を受け出雲へ天下り大国主命と国譲りの交渉をした神で、高天原への国譲りを成功に導いたとされる。両神とも建国に功績を立てた神であることから、国家鎮護の神として崇められた。また、天児屋根命は政の神、その妃の比売神は平和と愛の神とされる。

天神様

【てんじんさま】

「試験合格」

天神様の名で祀られているのは、平安時代の政治家で学者の菅原道真公（すがわらのみちざねこう・845～903年）である。道真公を祭神とする神社は天神系神社といわれ、天満宮、天満神社、菅原神社など全国で約1万社を数える。なかでも福岡県の太宰府天満宮（道真公の墳墓の上に祠を建てたのがはじまり）、京都府の北野天満宮（道真公が亡くなった後、都に天変地異が相次いだため造営）、山口県の防府天満宮（道真公が大宰府へ赴く時、自分が死んだら魂となって帰ってくるといった地）が三大天満宮と称される。道真公は祖父と父が学者の筆頭ともいえる大学頭の家系で、本人も幼少の頃から秀才の誉れが高かった。このため「学問の神様」として人気が高く、受験シーズンになると全国の天神系神社は合格祈願の受験生で大いに賑わう。また道真公は優れた歌人でもあったので「詩歌・芸能の神様」としても崇められ、大宰府天満宮や北野天満宮ではしばしば連歌の会が開かれた。

恵比寿様

【えびすさま】

「商売繁盛」「海上安全」「五穀豊穣」

庶民から親しみを込めて「えべっさん」と呼ばれる恵比寿様を祀る神社は全国各地に数限りない。そんな恵比寿様は大きく2つの系統に分かれるという。ひとつは大国主神（おおくにぬしのかみ）の子の事代主神（ことしろぬしのかみ）を祭神とする系統で、本社は島根県の美保神社。釣り竿と鯛をもつ恵比寿様の姿はこちらがルーツ。そして、もう一方が天地創造の神である伊弉諾尊（いざなぎのみこと）と伊弉冉尊（いざなみのみこと）の子である蛭子命（ひるこのみこと）を祭神とする系統。蛭子命は生まれながらにして身体が不自由であったために、葦の船に乗せられて海に流されてしまった。そして漂着したのが兵庫県の西宮で、西宮神社に祀られ恵比寿様になったという。流された蛭子が漂着したという伝説は日本各地に数多く残されている。どちらの恵比寿様も海に縁があったため漁業の神として信仰され、やがて農業や商業など生業の守護神として庶民に愛されさらに信仰が広がっていった。

全国一宮巡礼ガイド《索引》

◆ Editor & Writer
高野晃彰（デザインスタジオタカノ）

◆ Editor
高野えり子（デザインスタジオタカノ）

◆ Writer
星埜俊昭

◆ Map
高野えり子（デザインスタジオタカノ）
イトウミサ

◆ Art Direction & Design
今岡祐樹（ガレッシオデザイン有限会社）

◆ Photographer
百配伝蔵
後川永作
宮本京幸

【Special Thanks】
一宮各社
※本書制作にあたり、画像提供・校正などのご協力を賜り、誠にありがとうございました。

日本全国 一の宮 巡拝パーフェクトガイド 改訂版

2023年4月15日　第１版・第１刷発行
2024年7月25日　第１版・第２刷発行

著　者　招福探求巡拝の会（しょうふくたんきゅうじゅんぱいのかい）
発行者　株式会社メイツユニバーサルコンテンツ
　　　　代表者　大羽孝志
　　　　〒102−0093　東京都千代田区平河町一丁目1-8
印　刷　株式会社厚徳社

◎『メイツ出版』は当社の商標です。

ISBN978-4-7804-2761-5 C2026 Printed in Japan.

ご意見・ご感想はホームページから承っております
ウェブサイト　https://www.mates-publishing.co.jp/

企画担当 ：大羽孝志／千代 寧

※本書は2020年発行の『日本全国 一の宮 巡拝パーフェクトガイド』を元に内容の確認 及び更新、装丁を変更し、「改訂版」として新たに発行したものです。